나의 친구라

나의 친구라
올프렌즈의 열다섯 발걸음에 맞춰

초판 인쇄 | 2025.6.5
초판 발행 | 2025.6.5

지은이 | 올프렌즈
디자인 | 사라
발행인 | 변은혜
발행처 | 책마음

출판 등록 | 2023.01.04 (제 2023-1호)
주 소 | 원주시 서원대로 427, 203-1401
전 화 | 010-2368-5823
이메일 | book_maum@naver.com

값 15,000원
ISBN | 979-11-94921-05-9(03230)

나의 친구라

올프렌즈

책마음

친구라 부르신 그분처럼

"이런 일이 정말 우리나라에서 일어나는 일이었나요?"

올프렌즈(All Friends)의 사역 이야기를 들은 많은 분들이 놀라며 하시는 첫마디입니다. 그리고 곧 이어집니다.

"정말 귀한 사역이네요. 그런데 왜 이런 사역이 있는지도 몰랐을까요?"

올프렌즈가 세워진 지 어느덧 15년.

그 오랜 시간 동안 많은 성도님들의 기도와 헌신이 있었고, 수많은 이주민이 낯선 이 땅에서 정착하고 살아갈 수 있도록 따뜻한 손길이 이어졌습니다.

하지만 지금 돌이켜보면, 이 모든 걸 가능하게 하신 분은 사람이 아니라 하나님이셨습니다.

"사람으로는 할 수 없으나 하나님으로서는 다 하실 수 있느
니라." (마태복음 19:26)

때로는 갑작스러운 위기 속에서, 때로는 누구에게도 말 못 할 혼란
과 좌절 가운데서도 하나님은 늘 먼저 그 자리에 계셨고, 우리가 그
저 순종하며 따라갈 수 있도록 길을 열어 주셨습니다.

사실 처음부터 이 땅에 이렇게 많은 외국인이 들어올 것이라고 상
상도 못 했습니다. 그리고 그들을 향한 복음의 부르심이 '국내 전도'
가 아니라 '선교'라는 깊은 소명임을 알게 되기까지도 시간이 필요했
습니다.

그 누구도 주목하지 않던 시절, 이 땅에서 이주민에게 복음을 전해
야 한다는 마음을 품고 한 걸음 내디뎠던 분들이 있었습니다. 그들의
순종은 결국 하나님의 일하심의 통로가 되었고, 지금의 올프렌즈가
되었습니다.

우리는 예수님이 우리를 '친구'라 부르신 것처럼, 이주민들을 "친
구"라 부릅니다.

"너희는 내가 명하는 대로 행하면 곧 나의 친구라. 이제부터
는 너희를 종이라 하지 아니하리니 종은 주인이 하는 것을
알지 못함이라 너희를 친구라 하였노니 내가 내 아버지께 들
은 것을 다 너희에게 알게 하였음이라" (요 15:14~15)

그 이름처럼, 우리는 한국에 온 모든 이주민이 예수님의 친구가 되고, 서로가 친구 되어 믿음의 공동체를 이루어가길 소망합니다.

이 책은 단순한 사역의 기록이라기보다 하나님께서 이 땅에서 행하신 은혜의 발자취를 조심스럽게 되새기고, 그 은혜가 지금도 계속되고 있음을 증언하는 고백입니다.

때로는 눈물겨운 시작, 예기치 못한 위기, 기적 같은 변화, 감동적인 만남까지…

이 모든 여정 속에 우리 손보다 크신 하나님의 손길이 있었다는 것을 담고자 했습니다.

부디 이 책을 읽는 모든 분들의 마음에 이주민들을 향한 작은 울림이 일어나길 소망합니다.

그리고 이 땅에 온 이방인을 향한 주님의 마음이, 우리의 시선과 마음으로도 이어지기를 간절히 바랍니다.

이주민 사역은 결코 한 사람의 열정이나 소명만으로는 감당할 수 없는 일입니다.

올프렌즈와 함께 이 사역을 동역해 주신 많은 교회와 단체, 그리고 성도님들의 사랑과 헌신이 있었기에 지금까지 올 수 있었습니다.

특별히 이우교회와 성도님들, 할렐루야교회 이주민선교팀, 영락교회 의료선교팀, 오륜교회 다문화 및 의료선교팀, 함께그린교회,제자들교회, 희망친구 기아대책, 이랜드복지재단을 비롯하여, 이름을 다 나열하지 못하지만. 기도와 재정으로 함께해 주신 수많은 교회와 기업, 성도님들께 깊이 감사드립니다.

또한 올프렌즈를 통해 은혜의 이야기를 품고 계신 많은 분들을 이 책에 다 담지 못한 것이 아쉽기만 합니다.

짧은 시간이었지만 이 책을 만드는 데 마음을 모아 수고해 주신 올프렌즈 동역자분들과 언제나 곁에서 함께 걸어준 올프렌즈의 친구들에게도 진심으로 감사의 마음을 전합니다.

2025년 5월 어느 날

올프렌즈 이사장 주경선

목차

제3부 섬김의 길 위에 서서

제4부 이 땅에서, 그들을 향한 마음

15년이 흐른 지금, 초창기에 품었던 계획과 기대가 어느 정도 이루어졌는지를 수치로 정확히 말하긴 어렵습니다. 그러나 한 가지 확실한 것은, 올프렌즈가 이 땅을 복음 전파의 장(場)으로 삼아 하나님께서 맡기신 선교의 사명을 흔들림 없이 감당해 왔다는 사실입니다.

제 1부
이주민을 위한 사역의 시작

이주노동자를 위한 사역의 시작

2009년 3월, 분당에 위치한 B교회에서 외국인근로자선교위원회가 출범하면서 이주민 사역의 첫 걸음을 내딛었습니다. 이후 광주 C교회와의 협력사역을 통해 성도들이 국내 선교 현장에 직접 참여할 수 있는 기회를 제공하였고, 선교현장을 체험하며 다양한 프로그램과 활동을 통해 실질적인 결실을 맺을 수 있었습니다.

2010년, 광주 C교회와의 협력 사역이 마무리된 이후, 국내 선교 사역이 더욱 본격적으로 이루어져야 할 필요성을 느끼고 선교센터 설립 계획을 세우게 되었습니다. 이는 변화하는 선교 환경 속에서 새로운 패러다임을 요구하는 시대적 흐름에 부응하고자 한 것이었습니다.

선교 패러다임의 변화: 해외에서 국내로

기존의 해외 단기선교와 국내 이주민 선교를 비교하며 다음과 같은 이유로 선교의 초점을 "해외에 가서 전하는 사역"에서 "국내로 오는 자를 전하는 사역"으로 전환하게 되었습니다:

• 접근성 향상: 해외로 나갈 필요 없이 우리나라로 온 이주민들에게 직접 다가갈 수 있다는 점.
• 지속 가능성: 장기적으로 사역을 지속하며 이주민들과 깊은 관계를 형성할 수 있음.
• 선교 대상 다양화: 다양한 국적과 문화를 가진 이주민들에게 선교의 범위를 확장할 수 있음.
• 효과적인 자원 활용: 선교 비용과 자원을 효율적으로 사용하여 더 많은 이들에게 도움을 줄 수 있음.

이러한 변화는 국내에 들어온 이주노동자들과 그들의 공동체를 예수 그리스도의 사랑으로 섬김으로 실질적인 도움을 제공하며, 복음을 전하는 데 중요한 역할을 하였습니다.

구분	해외 단기 선교	국내 이주민 선교
비용	고비용(3억 이상/09년) (*B교회 기준)	저비용(삼천만원)
언어 필요의 주체자	선교 참여자	선교 대상자(외국인)
안전성	각종 위험 요소 내포	상대적 위험 요소 없음
사역의 특성	단기, 일회성(한계성)/년	지속적, 꾸준함
만남의 기회	한정된 단기간	최소 1년 이상 지속 가능(언제든)
농사에 비유	소나기, 씨 뿌림	꾸준히 물 주고, 비료 주고, 가꾸어 풍성한 결실을 맺을 수 있음
만남의 특성	대중적인 만남 인격적 만남의 한계성	일대일 만남 지속 가능 인격적 교제, 만남 가능
양육의 측면	양육은 불가능	그리스도인의 삶으로 양육 가능
복음의 접근성	제약 요소가 많음 (정치적 환경, 문화, 타율성)	자발성, 복음의 접근성이 쉬움
복음의 전파성	한 민족(한 국가)	국내에 거주하는 다양한 국가

[해외 단기선교와 국내 이주민 선교의 비교]

선교센터 설립 목표는 다음과 같았습니다.

1. 복음 사역 및 구제 사역을 통해 하나님 나라의 확장에 기여한다.

2. 외국인근로자를 교회의 교인으로 세우고, 민족별 공동체를 조직하여 자국민 복음화에 헌신할 일군을 양성한다.

3. 사역자 발굴 및 선교사 파송을 통해 파송 국가에 지교회를 설립한다.

또 선교센터를 설립함으로써 다음과 같은 효과를 기대했습니다.

1. 시니어 성도의 선교 참여 기회 제공: 은퇴자가 평신도 선교사로 제2의 인생을 설계할 기회를 제공한다.

2. 영성 회복 및 교회 부흥: 성도들이 영성을 회복하고 교회가 영적·양적으로 성장할 수 있는 계기가 된다.

3. 지속적인 사역의 기반 마련: 일회성이 아닌 꾸준하고 지속적인 사역을 가능케 하는 핵심적인 축이 된다.

4. 성령 충만한 은혜 체험: 실질적인 선교 현장에서 성령의 충만한 은혜를 경험할 수 있도록 한다.

5. 복음과 구제 사역의 실현: 예수님께서 이 땅에 오신 참된 의미를 깨달을 수 있는 사역의 현장을 제공한다.

이주민을 위한 발자취

2010년, 당시 성남·광주·용인 지역에는 외국인을 위한 선교가 체계적으로 이뤄지는 교회나 선교센터가 거의 없었습니다. 이러한 현실 속에서, 외국인 근로자들이 가장 많이 모이는 광주시 송정동에 선교센터를 세우기로 하였고, 마침내 6월 5일, 2층 단독 건물에 올프렌즈센터가 문을 열었습니다. 개소 초기에는 외국인 근로자 37명과 자원봉사자 62명이 함께하며 작은 시작을 만들어갔습니다. 그해 9월, 국내에서 캄보디아 이주민을 섬기던 6개 센터가 양평군 양수리에 모여 '캄보디아 선교대회'를 열었습니다.

2011년 9월에는 처음으로 자체 '캄보디아 선교대회(추석 수련회)'를 개최하였습니다.

하지만 2012년, 교회 내부의 어려움과 재정난 속에서 올프렌즈는 커다란 위기를 맞았습니다. 그럼에도 불구하고 뜻을 함께한 자원봉사자들이 힘을 모아 사역을 이어갔고, 5월에는 단독건물에서 철수해 새로운 장소(현 건물의 지하)를 임대하여 캄보디아와 베트남 외국인근로자를 대상으로 사역을 계속할 수 있었습니다. 그해 6월, 캄보디아 단기선교를 통해 '훈 코살'의 고향을 방문하며 이주민들을 위한 '고향 방문 프로그램'을 시작하게 되었습니다.

2013년 2월, 캄보디아 프놈펜에 올프렌즈센터를 설립하였고, 같은 해 10월에는 '훈 코살'의 고향 마을인 뜨렁껑에도 센터를 세워 사역의 지평을 넓혀갔습니다.

2014년에는 건물 2층을 추가로 임대하여 베트남 공동체를 위한 예배를 시작하였고, 다문화 사역으로의 확장을 시도하였습니다. 또한 4월, 외교부 소관의 비영리사단법인으로 공식 인가를 받았고, 12월에는 기획재정부 지정기부금 단체로 등록되어 보다 안정적인 후원을 받을 수 있는 기반을 마련했습니다.

2015년부터는 '하나님의 말씀에 기초한 작고 바른 교회를 꿈꾸는 성도들의 공동체'를 꿈꾸며 세워진 이우교회와 선교적 방향을 공유하며 지속적인 동역 관계를 이어오고 있습니다. 같은 해 5월, 윤성구 이사장이 올프렌즈에서 국회의원상을 수상하며 사역의 가치를 인정

받았습니다.

2016년 9월에는 강릉에서 캄보디아·베트남 연합 추석 수련회를 진행하였습니다.

2017년에는 다문화 어린이학교를 개강, 3월에 오륜교회 이주민 선교팀 및 의료선교팀과의 협력을 통해 무료 진료 서비스를 시작하였습니다.

2018년에는 캄보디아 공동체의 자발적인 연보로 '롱 땀'의 고향인 뜨러바엑 마을에 올프렌즈센터를 세우고, 프놈펜에는 협동조합 형태의 'Beach-C 카페'를 열었습니다.

2019년 6월, 설립 9주년 감사 예배와 함께 12명의 집사 임직과 6명의 세례식을 거행하였고, 11월에는 청석에듀씨어터에서 '이주 노동자와 다문화가족 초청 문화 축제'를 개최하였습니다. 또한 평강호스피스와의 사무실 공유 협약, 경희대학교와의 협력을 통해 다문화 한국어 교육을 지원하는 등 사역의 폭을 확장하였습니다.

2020년, 코로나19 팬데믹의 여파로 대면 사역이 어려워졌지만, Zoom을 통한 온라인 예배로 공동체의 연결을 이어갔고, 8월에 광주시 남부무한돌봄행복나눔센터와 (주)리스토어 2개 기관과 업무 협약식을 맺었으며, 10월에는 캄보디아 리더 22명과 추석 영성 수련회를 다녀왔습니다.

2021년, 팬데믹 중에도 위축되지 않고 사역을 지속한 결과, 광주시자원봉사센터의 봉사수요처로 선정되었으며, 4월에 캄보디아 친구의 2명의 세례식 진행하였고, 컴퓨터 수리 교실을 개설하였으며, 9월부터는 영락교회 의료선교팀의 협력으로 무료 의료진료를 진행하였고, 10월에 다문화 어린이학교를 재개하는 등 힘겨운 상황에서도 사역을 이어갔습니다.

2022년, 9월부터 오륜교회와 협력하여 광주 시내 전도 활동을 하였고, 10월에 할렐루야교회의 '2022 해외/이주민 선교대회'에 참여하여 친구들이 간증과 찬양을 하였고, 6월에는 할렐루야교회 PSP교육 실습 현장으로 교육생의 실습을 진행하였습니다. 안타까운 것은 재정적 어려움으로 인해 공간을 축소해야 했으며, 이에 따라 현 건물의 지하 공간을 포기하고 11월 14일부터 2층 공간만을 사용하게 되었습니다.

2023년, 팬데믹 종식 선언 이후 공동체별 예배가 다시 시작되었지만, 많은 친구들이 귀국하거나 업무로 인해 참석이 어려워 예배의 회복에는 시간이 필요했습니다. 그럼에도 불구하고 이랜드복지재단, (사)한국국제기아대책기구와 협약을 맺으며 새로운 협력의 길을 열었습니다.

2024년 9월, 이우교회 주관으로 깜뽕짬 올프렌즈센터의 청년리

더 2명을 한국에 초청하였습니다. 10월 광주로터리클럽과 체결하며 지역 사회와의 협력을 강화하였습니다.

2025년, 올프렌즈는 법무부로부터 '이주민 조기적응지원센터'로 지정받아, 한국에 처음 발을 디딘 결혼이주민들을 위한 교육 지원을 시작하였습니다.

그리고 오는 6월 4일, 올프렌즈는 설립 15주년을 맞이하게 됩니다. 이 뜻깊은 날을 기념하며, 우리는 그동안 함께 걸어온 이주민 친구들과 귀한 후원자들이 한자리에 모여 서로의 걸음을 축복하는 따뜻한 축제의 자리를 준비하고 있습니다.

이 책은 바로 그 15년의 여정을 기억하고 나누기 위해 기획된 것으로, 축제의 날에 여러분과 함께 마주하길 소망합니다.

15년이 흐른 지금, 초창기에 품었던 계획과 기대가 어느 정도 이루어졌는지를 수치로 정확히 말하긴 어렵습니다. 그러나 한 가지 확실한 것은, 올프렌즈가 이 땅을 복음 전파의 장(場)으로 삼아 하나님께서 맡기신 선교의 사명을 흔들림 없이 감당해 왔다는 사실입니다.

깜뽕짬에 세워진 올프렌즈센터, 신학의 길을 걷는 친구들, 본국으로 돌아가서도 믿음을 지켜가는 친구들, 짧은 시간에도 복음을 받아들이는 친구들 등 – 이 모두가 사명의 열매라 할 수 있습니다.

앞으로도 올프렌즈는 이 땅에 온 이주민들에게 그리스도의 사랑을 전하는 사명을 끝까지, 변함없이 이어갈 것입니다.

올프렌즈 사역의 중심은 예배입니다. 모든 사역은 결국 예배를 위한 길이며, 예배를 통해 믿음의 공동체가 세워지기 때문입니다.

제 2부

그리스도의 마음으로 걷는 길
올프렌즈 사역

올프렌즈의 소명은 이 땅에 온 이주민들에게 예수 그리스도를 전하는 데에 있습니다.

우리가 품고 있는 비전(vision)은 다음과 같습니다:

"우리는 모든 민족이 그리스도의 사랑 안에서 믿음으로 하나 되어 평화롭게 살아가기를 희망합니다."

또한 우리의 사명(mission)은 다음과 같습니다:

"올프렌즈는 우리와 함께하는 사람들이 기쁜 소식을 듣고, 그리스도의 사랑을 느끼며, 그 안에서 하나의 공동체를 이루기까지 섬김과 봉사, 기도의 사명을 감당하겠습니다."

우리가 내세우는 모토(motto)는 "그리스도의 사랑으로 이주민과 함께!" 입니다.

이전에는 "그리스도의 사랑으로 이주노동자와 결혼이주민과 함께!"였으나, 시대의 흐름에 맞춰 대상 범위를 넓혔습니다.

우리의 목적은 "그리스도의 정신을 바탕으로 저개발국가를 위한 국제교류, 다양한 봉사 및 구호활동, 문화교류와 협력사업, 교육 및 복지지원사업 등을 수행하는 것"입니다.

[올프렌즈 사역]

우리는 이러한 비전과 사명, 목적을 실현하기 위해 그리스도의 믿음, 소망, 사랑, 그리고 마음을 담은 다양한 사역을 펼치고 있습니다.

첫째, 그리스도의 믿음을 드러내는 '문화교류 및 협력 사역'입니다. 이 사역은 예배 중심으로 이루어집니다.

• 매주 토요일과 주일 예배

• 추석 영성 수련회, 하기수련회, 설날 야유회, 한국문화 체험

• 연합 체육대회, 국가별 음식 체험

• 국가별 공동체 모임 (캄보디아, 베트남 등)

둘째, 그리스도의 소망을 심는 '교육 및 복지지원 사역'입니다. 이 사역은 교육에 중점을 두고 있으며, 다양한 프로그램을 지속적으로 발굴하여 교육하고 있습니다.

- 한국어 교실, 사회통합프로그램 교육
- 컴퓨터 활용(워드, 파워포인트, 엑셀 등) 교육, 컴퓨터(H/W) 수리 교육
- 자동차 정비, 바리스타, 미용, 네일아트 등의 기술 교육
- 태권도, 탁구, 공예 등 취미 교실
- 이주민 조기정착프로그램 진행
- 미등록이주민의 의료보험 가입 지원 (희년의료공제회와 협력)

셋째, 그리스도의 사랑을 실천하는 '국제민간교류 및 인재육성 사역'입니다. 이 사역은 현지 사역 지원과 장학금 후원을 중심으로 합니다.

- 캄보디아와 베트남 현지 교회, 학교 및 기관과의 교류
- 국내·외 현지인 장학금 후원
- 캄보디아 현지 치과의료(미션오브모바일) 활동 지원

넷째, 그리스도의 마음을 전하는 '각종 봉사 및 구호 사역'입니다. 이 사역은 상담을 중심으로 이루어지고 있습니다.

- 상담 사역 (근로, 취업, 비자, 의료, 기타 애로사항 등)
- 이주민을 위한 쉼터 제공
- 식사 제공 (토요일 저녁, 주일 점심)
- 무료 진료 (영락교회 의료선교팀과 협력)
- 직장 및 숙소 방문 위로 사역

이 외에도, 이주민들이 한국 사회에 잘 정착하고 건강한 주민으로 살아갈 수 있도록 다양한 사역을 지속적으로 진행하고 있습니다.

그리스도의 믿음
문화교류 및 협력

예배: 공동체의 심장

올프렌즈 사역의 중심은 예배입니다. 모든 사역은 결국 예배를 위한 길이며, 예배를 통해 믿음의 공동체가 세워지기 때문입니다.

올프렌즈는 토요일 저녁 8시, 주일 오전 11시에 캄보디아 예배를, 주일 오후 1시에는 베트남 예배를 드리고 있습니다. 우리가 토요일에 예배드리는 이유는 농장에서 일하는 친구들 때문입니다. 이들은 한 달에 두 번, 토요일에만 쉴 수 있으며, 주일에도 계속 일을 해야 합니다. 아마 월요일에 야채를 출하해야 하기에, 농장에서는 주일까지도 일이 계속되는 것 같습니다.

이처럼 주일에만 예배드리면 농장 친구들은 예배에 참석할 수 없습니다. 그래서 불가피하게 토요일 저녁 예배를 마련하게 되었습니다.

"예수께서 이르시되 여자여 내 말을 믿으라 이 산에서도 말고 예루살렘에서도 말고 너희가 아버지께 예배할 때가 이르리라" (요 4:21)

농장에서 일하는 친구들은 보통 오후 5시나 6시쯤 일을 마치기에, 차량으로 픽업해 예배 장소로 데려오고, 예배가 끝난 뒤에는 버스가 끊기므로 다시 데려다주어야 합니다. 이런 과정을 통해 자연스럽게 친구들과의 친밀감이 깊어지고, 복음을 전할 기회도 많아집니다.

또, 식사를 못하고 온 친구들을 위해 저녁 식사도 준비합니다. 메뉴를 계획하고 요리까지 준비하는 일은 여러 봉사자들의 도움이 없다면 불가능한 일입니다. 그리고 이 식사 시간에 대화를 통해 친구들의 상황을 이해할 수 있고, 관계가 더 깊어집니다.

요즘에는 캄보디아 토요일 예배가 활발해졌지만 주일 예배는 다소 위축되는 현상이 있습니다. 친구들이 토요일과 주일 예배에 모두 참석하는 것은 절대 쉽지 않은 일이기에, 어떻게 하면 주일 예배를 다시 활성화할 수 있을지 고민하고 있습니다. 주님의 지혜를 구합니다.

또한 우리는 매년 추석 즈음에 영성수련회를 진행하고 있습니다. 예배 외에는 성경을 배울 기회가 부족한 친구들이 말씀을 집중하여 배울 수 있도록 훈련하며, 동시에 한국의 자연을 느끼고, 문화를 체험할 수 있는 시간도 함께 마련하고 있습니다.

쉼터에서의 성경읽기: 믿음은 들음에서 납니다

팬데믹 이전에는 주일 오전 성경공부도 있었고, 매주 화요일이면 봉사자분이 친구들을 데리고 용인에 있는 '샬롬하우스'(스리랑카 이주노동자들을 위한 쉼터)에서 성경공부를 진행했습니다. 그러나 지금은 성경공부를 원하는 친구들조차 찾기 어려운 현실입니다. 시간적 여유도 없고, 말씀에 관심 있는 이들도 많지 않습니다.

대신 현재는 쉼터에 머무는 친구들과 매일 성경 읽기를 하고 있습니다. 잠시 머무는 친구들이지만, 그들도 말씀을 통해 예수님을 알게 되기를 바라는 마음에서 시작한 일입니다. 매일 저녁 8시, 다 함께 모여 성경을 읽고 기도합니다.

"그러므로 믿음은 들음에서 나며 들음은 그리스도의 말씀
으로 말미암았느니라" (롬 10:17)

성경읽기 시간에는 같은 찬송을 한국어, 캄보디아어, 베트남어
로 번갈아 세 번 부릅니다. 한두 주간 같은 찬송을 반복하며, 성경
은 각 언어로 번갈아 읽습니다. 말씀을 인도하는 사역자는 그 내용
을 요약해 설명하며, 구글 번역기 두 개를 동시에 띄워 캄보디아어
와 베트남어로 각각 번역해 가며 설명합니다. 완전하지는 않지만,
이렇게라도 말씀을 나누며 예수님을 전하고 있습니다. 마지막에는
참석한 이들의 기도 제목을 함께 나누고, "예수님의 이름으로" 기

도하도록 가르칩니다.

강제적으로 느껴질 수도 있지만, 어떻게든 예수님을 알리고자 하는 마음으로 진행하고 있습니다.

> "주인이 종에게 이르되 길과 산울타리 가로 나가서 사람을
> 강권하여 데려다가 내 집을 채우라" (눅 14:23)

우리는 짧은 시간에 이들이 예수님을 믿게 될 것이라 생각하지 않습니다. 하지만 쉼터에 머무는 동안 '예수님이 누구신지'라도 알게 되기를 간절히 바라며, 말씀을 나누고 있습니다. 많은 친구들이 쉼터를 거쳐 갔고, 감사하게도 믿음의 씨앗이 자라 캄보디아 친구 '우덤'처럼 예수님을 믿게 된 친구도 있습니다.

리더의 부재, 그리고 현지인 사역자의 필요

팬데믹 이전에는 예배 준비를 친구들이 맡고, 설교만 목사님이 전하였습니다. 그러나 코로나19로 인해 리더 역할을 하던 친구들이 고국으로 돌아가면서 예배를 인도할 리더가 없습니다. 지금은 어느 정도 회복되어 가고 있지만, 예배를 주도할 리더가 부족한 현실은 여전합니다.

지금 공동체의 상황은 한국인 사역자보다 현지인 사역자와 리더가 더욱 절실히 필요합니다. 친구들이 잘 모이지 않는 상황에서는, 자국

출신 사역자가 직접 사역하며 친구들의 마음을 어루만지는 것이 효과적이라 판단되어, 그렇게 변화해 나가고자 합니다.

하지만 문제는 인력의 부족입니다. 베트남 공동체의 경우, 한국 내에 베트남 사역자가 어느 정도 있습니다. 그러나 한국에서 캄보디아 사역자를 구하기가 정말 어렵습니다. 유학 중인 캄보디아 학생도 거의 없고, 신학을 공부하는 인원은 손에 꼽을 정도입니다. 캄보디아에서 신학교를 졸업한 친구를 한국 신학대학원에 입학시켜 사역자로 세우려 했지만 여의치 않았고, 결국 자체적으로 사역자를 양육해야 하는 상황에 이르렀습니다. 쉽지 않은 길이지만, 느리더라도 가야 할 길이라 생각합니다.

그리스도의 소망

교육 및 복지지원

한국어 교육: 생존의 도구

올프렌즈는 이주민 친구들에게 다양한 교육의 기회를 제공하고 있습니다.

그중에서도 한국어 교육은 가장 기본적인 출발점입니다. 한국에 온 이주민들이 한국어를 배우는 것은 이 땅에서 건강하고 안정된 생활을 이어가기 위한 중요한 요소입니다. 그래서 아마도 대부분의 이주민 사역 센터들이 한국어 교육을 필수적으로 운영하고 있을 것입니다.

지금까지 많은 친구들이 한국어능력시험(TOPIK)에서 좋은 성적을 거두기도 했습니다. 하지만 최근에는 예전처럼 한국어를 배우러 오는 친구들이 많지 않습니다. 이제는 한국어가 능숙하지 않아도 살아갈 방법을 스스로 터득한 듯합니다. 또한 한국어를 배울 수 있는 곳이 과거보다 훨씬 많아졌습니다. 지자체에서 운영하는 문화센터나, 여러 선교기관에서 한국어 수업을 제공하고 있기 때문입니다.

하지만 우리가 느끼는 문제는, 요즘 한국어 교육이 점점 '말을 위한 공부'가 아니라, '시험을 위한 공부'로 흘러가고 있다는 점입니다.

많은 이주노동자들이 비자 변경을 위해 TOPIK 시험과 사회통합프로그램 이수를 준비합니다. 비전문취업(E9) 비자에서 특정활동(E7) 비자로 바꾸려면 이 과정을 이수해야 유리하기 때문입니다.

그런데 시험을 통과한 친구들 중에도 실제로 대화를 잘하지 못하는 경우가 많습니다. 언어가 단기간에 마음먹은 대로 되는 것이 아니기도 하지만, 말하는 것보다 시험 통과를 위해 공부하기 때문이라고 생각합니다.

그래서 우리는 조금 다른 방식으로 접근하기로 했습니다. 올프렌즈에서는 캄보디아와 베트남 출신 현지인 사역자들이 직접 한국어를 가르치는 수업을 진행하고 있습니다.

처음 한국에 온 친구들은 한국인이 진행하는 수업에 쉽게 적응하지 못하는 경우가 많습니다. 그래서 같은 언어와 문화를 공유하는 현지인 전도사님들이 수업을 이끄는 경우, 부담 없이 수업에 참여할 수 있고, 이해도 훨씬 높아집니다.

기술 교육: 손에 남는 실력을 위한 도전

우리가 가진 또 하나의 목표는, 친구들이 한국에서 일하는 동안 하나의 기술이라도 배워서 돌아갈 수 있도록 돕는 것입니다.

이를 위해 다양한 기술 교육을 시도해 왔습니다. 예를 들면, 자동차 정비 교실, 컴퓨터 S/W(엑셀, 워드, 파워포인트 등) 수업, 노트북 수리 교육, 바리스타 교육 등을 했습니다.

처음에는 많은 친구들이 의욕적으로 참여했습니다. 하지만 시간이 지나면서 점차 참여자가 줄고, 마지막에는 한두 명만 남는 경우가 많았습니다. 그 이유 중 가장 큰 문제는 역시 언어 장벽이었습니다.

기술 교육은 기본적으로 전문 용어와 개념을 포함하다 보니, 수업 내용을 따라가기 어려웠던 것입니다. 배우고 싶은 마음은 있지만, 설명이 이해되지 않으니 결국 중도 포기하는 경우가 많았습니다. 강사와 학생 간 언어가 다르다 보니, 기술적인 개념을 전달하는 데 한계가 컸습니다.

반면에, 공예, 탁구, 태권도 같은 취미 활동 수업은 친구들이 상대적으로 잘 따라옵니다. 아무래도 언어보다는 보면서 따라 할 수 있는 수업이다 보니 부담이 적은 것 같습니다.

또 하나의 고민은 수업 시간입니다. 우리 친구들이 수업에 참여할 수 있는 시간은 평일에는 거의 불가능하고, 토요일이나 주일 예배 시간을 피해 정해야 합니다. 이로 인해 참여 가능한 인원이 제한될 수

밖에 없습니다.

　그럼에도 불구하고, 우리는 여전히 더 많은 것을 가르쳐주고 싶은 마음을 품고 있습니다. 앞으로도 친구들에게 도움이 될 수 있는 교육이 있다면, 계속해서 발굴하고 시도해 나가려 합니다.

불법 이주민이 아니라, 여전히 하나님이 사랑하시는 영혼입니다

코로나19 이후, 한국에 미등록 상태로 남아 있는 이주민 친구들이 많아졌습니다. 우리 사회는 이들을 흔히 '불법 이주민'이라고 부릅니다. 하지만 그들의 상황을 들여다보면 이해할 수 있는 부분도 있습니다. 고국에 돌아가 봐야 일할 곳이 마땅치 않고, 한국에 머물며 조금이라도 더 돈을 벌고 싶은 간절한 마음이 있기 때문입니다.

최근 몇 년간, 불법 이주민이 마약 유입과 관련되어 있다는 보도가 나오면서 대대적인 단속이 이루어졌습니다. 그럼에도 불구하고 불법 체류자는 오히려 증가하고 있습니다. 이 역시, 그들의 절박한 현실을 보여주는 단면일 것입니다.

우리는 한국에 불법 체류 중인 친구들에게 본국으로 돌아갈 것을 강하게 권유합니다. 하지만 동시에, 그들의 선택을 무조건 비난하거나 외면할 수는 없습니다. 왜냐하면 그들도 주님 앞에 반드시 돌아와야 할 귀한 영혼이기 때문입니다. 그래서 우리는 그들이 예배에 함께할 수 있도록 손 내밀고, 마음을 다해 어루만지려 합니다.

특히 이들에게 가장 큰 어려움은 아플 때 병원에 갈 수 없다는 점입니다. 간단한 수술 하나에도 감당하기 어려운 병원비가 발생합니다. 그래서 우리는 '(재)바보의나눔' 사업을 통해 미등록 이주민의 병원비를 지원하였습니다. 또 '희년의료공제회'와 협력하여 경기도 동남부 지역에서 불법 체류자들이 의료보험에 가입해 의료 혜택을 받을 수 있도록 돕고 있습니다.

  물론, 불법 체류자가 없는 사회가 되기를 바라는 마음은 누구나 같습니다. 그러나 현실은 그리 단순하지 않습니다. 그렇기에, 우리는 이 친구들을 마음에 품고, 주님의 마음으로 계속 기도해야 합니다. 그들도 하나님의 사랑 안에 있어야 할 존재들이기 때문입니다.

그리스도의 사랑
국제민간교류협력과 인재육성

현지 교회와의 교류: 깜뽕짬 올프렌즈센터

올프렌즈는 캄보디아와 베트남 현지와 긴밀한 교류를 이어가며, 현지의 크리스천 인재를 양성하기 위해 꾸준히 힘쓰고 있습니다.

민간 교류 사역의 하나로 캄보디아 깜뽕짬 주 뜨러바엑 마을에 위치한 올프렌즈센터를 지원하고 있습니다. 이 센터는 한국에 근로자로 와 올프렌즈를 통해 예수님을 영접한 친구들이, 자신의 고국에도 올프렌즈와 같은 센터를 세워 복음을 전하고, 가난한 이웃을 돕고자 자발적으로 헌신한 결과입니다. '롱땀'이라는 친구(현재는 집사)가 자신의 땅을 기꺼이 내어주었고, 여러 친구들이 함께 연보하여 교회를 세웠습니다.

하지만 캄보디아의 현실은 교회가 자립적으로 운영되기엔 여전히 어렵습니다. 몇 차례의 위기를 겪으면서, 현지에서 비즈니스 선교를 해오시던 정후식 선교사님과 연결되어, 지금까지 센터를 지속적으로 지원할 수 있었습니다. 현재는 주일마다 초등부 60~70명, 청년부 20~40명이 모여 기쁨으로 예배드리고 있습니다. 센터는 한국 교회(흑산도교회) 성도님들의 후원으로 멋지게 새로 지어졌고, 정후식 선교사님은 이제 올프렌즈 캄보디아 지부장으로 함께 사역하고 있습니다.

캄보디아에 피어난 또 하나의 복음의 씨앗

2024년 단기선교 중, 또 하나의 감동적인 일이 있었습니다. 올프렌즈에서 예수를 영접한 '짜리야'(아내), '씨니은'(남편), 그리고 짜리야의 언니인 '라짜나'가 깜뽕츠낭 주에 있는 자신들의 땅 위에 새로운 센터를 세우길 원했습니다. 짜리야 부부는 그 지역에서 건축 자재 사업을 하고 있는데, 건축 자재의 일부를 직접 제공하겠다고 하였습니다.

사실 우리는 단지 코로나19 이후 교회를 떠난 이들을 다시 믿음의 자리로 인도하고자 심방을 했을 뿐이었는데, 하나님께서는 캄보디아 복음화를 위한 더 큰 계획을 이미 준비하고 계셨습니다. 센터가 세워지면 라이프대학교 신학과를 졸업한 친구가 사역을 감당할 수도 있을 것입니다.

하나님의 속도는 더디지만, 언젠가 그 땅 위에 주님의 교회가 세워질 것을 기대합니다. 우리는 이왕이면 한국의 교회 중에 캄보디아 선교에 마음이 있고, 지속적으로 선교 사역을 감당해 줄 수 있는 교회와 연합해 센터를 세우길 소망합니다.

장학 사역: 신학생들을 위한 소중한 지원

우리는 국내외 현지인 학생들에게 장학금을 지원하고 있습니다. 감사하게도 올프렌즈를 통해 예수를 영접한 친구들 가운데 캄보디아로 돌아가 신학교에 진학한 이들이 있습니다. 한국에서의 짧은 체류 기간 중 예수님을 믿고 신학의 길로 들어선 것은 결코 쉬운 일이 아니지만, 하나님께서는 그들의 마음을 열어 주셨습니다.

네 명의 친구('시뎃', '보파', '짠다', '리다')가 캄보디아 깜뽕싸움주(시아누크빌)에 위치한 캄보디아 라이프대학교 신학과에 입학하였고, 우리는 이들에게 학업에 집중할 수 있도록 장학금을 지원하였습니다. 또 한국에 근로자로 왔던 '마넷'이라는 형제는 자신의 여동생 '쿤쏘팔린'을 전도하여, 경영학과에서 신학과로 전과하게 했습니다.

이 다섯 명의 친구는 현재 모두 졸업하여 국제학교와 유치원에서 교사로 일하며, 주일에는 지역 교회를 열심히 섬기고 있습니다.

다. 특히 캄보디아에서 유학 온 학생들은 그 수가 많지 않아 쉽게 만나기조차 어려울 정도입니다.

올프렌즈는 이 소중한 친구들이 학업에만 집중할 수 있도록 여러 기관들과 협력하여 장학금을 지원하고 있습니다. 그리스도의 사랑이 공부하는 이들의 삶 속에도 깊이 스며들 수 있기를 소망하며, 작은 손길이지만 정성과 기도로 함께하고 있습니다.

조건 없는 사랑, 조건부 입학을 뛰어넘다

또한, 캄보디아장로교신학교 유아교육학과에 입학한 두 명의 학생에게도 장학금을 지원했습니다. 깜뽕짬 올프렌즈센터에 출석하던 두 명의 학생이 입학하려고 했으나 한 명은 부모님의 반대로 입학하지 못하고(캄보디아 사람들은 아직 기독교에 대해 부정적인 이미지가 강함) 한 명('쏘판늣')만 입학하고자 했습니다. 대신 쏘판늣의 친구('김쓰레잉')가 학교에 진학하고 싶어 한다며 장학금을 지원해 줄 수 있겠냐고 부탁해 왔습니다. '김쓰레잉'은 이전까지 교회에 나오지 않았던 학생이었지만, 입학 조건으로 6개월 안에 세례를 받는다는 약속 아래 입학이 허가되었습니다.

우리는 이 두 학생을 위해 학비와 생활비 전액을 지원했습니다. 처음엔 염려도 있었지만, '김쓰레잉'은 약속대로 세례를 받고 성실히 학업을 마쳤습니다. 신학교에서는 이전에도 조건부 입학생이 있었지만, 세례를 받고 끝까지 학업을 마친 사례는 없었다고 합니다. 지금 두 친구는 졸업하자마자 신학교 부설 유치원 교사로 일하고 있으며, 주일이면 정후식 선교사님과 함께 깜뽕짬 올프렌즈센터에서 교회학교 예배를 인도하고 있습니다.

이 모든 과정을 통해 우리는 하나님의 계획이 우리의 생각을 훨씬 뛰어넘는다는 것을 다시금 깊이 깨달았습니다.

> "여호와의 말씀에 내 생각은 너희 생각과 다르며 내 길은
> 너희 길과 달라서" (사 55:8)

감사하게도 2025년에도 '니몰'이라는 친구가 신학교 유아교육학과에 입학하게 되었고, 우리는 '니몰'에게도 장학금을 지원하고 있습니다. 하나님께서 니몰을 통해 어떤 새로운 일을 이루실지, 기대가 됩니다.

앞으로도 깜뽕짬 올프렌즈센터에서 예배드리는 친구들 가운데 대학에 진학하고자 하는 친구들이 많이 나올 것이라 기대합니다. 우리는 재정이 허락하는 한 그들에게도 장학금을 지원하려고 하며, 이를 통해 뜨러바엑 마을에 하나님의 복음이 깊이 뿌리내리길 소망합니다.

그리스도의 마음
봉사와 구호

급식 지원: 식사와 함께 나누는 사랑

올프렌즈는 외국인 친구들이 한국 생활에 잘 적응하고, 그 과정에서 예수님의 사랑을 느낄 수 있도록 다양한 도움의 손길을 나누고 있습니다. 가장 기본적이면서도 주기적으로 하는 사역 중 하나는 급식지원과 차량 픽업입니다.

올프렌즈 초기, 토요일 예배에 참석하는 친구들이 식사를 거른 채오는 모습을 안타깝게 여긴 봉사자님들이 자발적으로 돌아가며 저녁식사를 준비해 주셨습니다. 주일 점심 식사도 같은 마음으로 섬겨 주셨습니다. 봉사자님들의 손맛은 회사에서 제공되는 제한된 식사만으로는 부족했던 친구들에게 크나큰 위로와 기쁨이 되었습니다. 그 따뜻한 나눔은 지금까지도 이어지고 있습니다.

코로나19 이후 다시 모이기 시작하면서 식사 제공에 대한 고민이 많았습니다. 재정적인 제약과 공간 축소, 봉사 인력의 감소 등 어려움이 있었지만, '일품으로라도 식사를 준비하자'는 마음으로 소수의 인원이 힘을 모아 식사를 계속 제공했습니다. 지금은 다시 여러 봉사자님이 '나그네를 대접하는 마음'으로 자발적으로 섬겨주고 계십니다.

"선한 행실의 증거가 있어 혹은 자녀를 양육하며 혹은 나그네를 대접하며 혹은 성도들의 발을 씻으며 혹은 환난 당한 자들을 구제하며 혹은 모든 선한 일을 행한 자라야 할 것이요" (딤전 5:10)

우리는 간소하게 준비하려 해도, 봉사하시는 분들의 마음은 언제나 '풍성히 대접하고 싶다.'는 사랑으로 가득 차 있습니다. 그래서인지 친구들은 늘 맛있게, 감사한 마음으로 식사합니다.

픽업: 발걸음을 위한 섬김

토요일 차량 픽업도 중요한 사역 중 하나입니다. 농장에서 일하는 친구들이 늦은 오후까지 일하고 나면 예배를 위해 올프렌즈로 오기 어렵기 때문에, 직접 픽업을 나갑니다. 코로나19 이전에는 5~6개 팀이 광주, 용인 등 각 지역을 돌며 친구들을 데려왔습니다. 예배가 끝난 후엔 한국어 공부도 한 시간 정도 하고 집에 돌아갔기 때문에, 봉사자들은 밤 10시 반이 넘어서야 집에 갈 수 있었습니다.

지금도 픽업 여부에 따라 예배 참석 인원이 크게 달라집니다. 물론 숫자가 중요한 것은 아니지만, 친구들이 한국에 머무는 기간이 4년 10개월로 제한적이기 때문에 가능하면 한 번이라도 더 복음을 듣고 말씀을 배울 수 있도록 돕고자 하는 것은 우리의 간절한 바람입니다. 하지만 픽업 사역의 현실적인 어려움도 있습니다. 봉사 인력이 부족하고, 픽업 지역이 멀거나 여러 번 왕복해야 하는 경우도 있기 때문입니다. 그럼에도 예배에 참석하고 싶다며 '데려다 줄 수 있느냐'고 묻는 친구들이 있어 오히려 우리가 감사한 마음을 갖게 됩니다.

이주민 상담: 마음을 여는 통로

또 다른 중요한 사역은 상담입니다. 이주민 친구들은 한국 사회에서 여러 제도적 한계 속에 살아가며 많은 도움이 필요합니다.

출입국관리사무소를 동행해야 하는 경우, 병원에 함께 가야 하는 경우, 행정 업무를 도와줘야 하는 경우도 많습니다. 친구들은 어떤 일을 처리해야 할 때, 말이 잘 통하지 않거나 절차를 이해하지 못해 더 불이익을 당하는 일이 종종 있습니다. 온라인 업무를 위해 컴퓨터 사용을 돕거나, 문서 작성을 대신해 주기도 합니다. 불법 체류로 단속에 걸린 친구의 체불임금이나 퇴직금을 회사와 정리해 주는 일도 있습니다.

우리가 감당하는 일은 많고 복잡하지만, 이 모든 도움을 통해 친구들이 예수의 사랑을 경험하길 바라는 마음 하나로 섬기고 있습니다.

"각각 자기 일을 돌볼뿐더러 또한 각각 다른 사람들의 일을
돌보아 나의 기쁨을 충만하게 하라 너희 안에 이 마음을 품
으라 곧 그리스도 예수의 마음이니"
(빌 2:4-5)

예수님의 마음이 친구들에게 전해지기를 바라는 마음으로, 오늘도
친구들과 함께합니다.

따뜻한 쉼: 믿음으로 이어주는 통로

우리는 쉼터 사역도 함께 운영하고 있습니다. 친구들이 회사를 그
만두거나 옮겨야 할 상황이 되면 숙소를 바로 잃는 경우가 많습니다.
그럴 때 다시 취업하기 전까지 머물 수 있는 공간을 제공하는 것입니
다.

현재 캄보디아와 베트남 국적의 남녀를 위한 쉼터 4개를 운영하고
있습니다. 거창하게 갖춰진 시설이 아니라 잠만 잘 수 있게 되어 있
고, 겨울에 추위를 이겨내기에 버겁기도 합니다. 그래도 친구들은 자
신이 지냈던 숙소보다 좋다고 합니다.

초기에는 쉼터가 주말이면 일 마치고 삼삼오오 모여 식사하고 함
께 쉬며 예배에 참여하는 공동체 공간이었습니다. 요즘은 주로 직장
을 옮기는 중에 임시로 머무는 용도로 많이 활용되고 있습니다.

우리는 쉼터에 오는 친구들도 하나님께서 특별한 계획 가운데 보

내신 귀한 생명이라고 믿습니다.

처음에는 쉼터 이용 조건으로 예배 참석을 필수로 했지만, 짧게 머무는 동안 복음을 전하기엔 한계가 있다고 느꼈습니다.

그래서 지금은 매일 저녁 8시, 쉼터에 있는 친구들과 함께 성경을 읽고 있습니다. 낮에는 자유롭게 시간을 보내되, 저녁 8시까지는 돌아와 말씀을 함께 나누는 것이 쉼터의 중요한 약속입니다.

진료를 통해 전하는 그리스도의 사랑

우리는 이주민 친구들을 위해 매월 셋째 주일에 정기적으로 무료 진료를 진행하고 있습니다. 초창기에는 오륜교회 의료선교팀과 함께하였고, 현재는 영락교회 의료선교팀과 협력하여 계속해서 이 사역을 이어가고 있습니다.

많은 이주민 친구들이 아파도 회사에 휴가를 내거나 병원을 찾는 것이 쉽지 않은 상황입니다. 그래서 저희는 진료비 부담 없이 진료를 받을 기회를 제공하고 있습니다.

정기적인 진료를 통해 고혈압이나 당뇨처럼 꾸준한 관리가 필요한 질병을 가진 친구들이 지속적으로 치료받을 수 있도록 돕고자 합니다. 하지만 이런 우리의 마음을 친구들이 항상 이해해 주는 것은 아니어서 안타까울 때도 있습니다. 다음번 진료 때 꼭 와서 약을 받아 가겠다고 약속하고도 나타나지 않는 친구들이 많습니다. 당장의 급한 일에 밀려 자신의 건강은 뒤로 미뤄두는 모습이 안쓰럽

기도 합니다.

그럼에도 불구하고 이런 정기적인 진료를 통해 심각한 질병을 조기에 발견하고, 의료진들이 직접 병원과 연계해 치료받을 수 있도록 도와주는 일들도 이어지고 있습니다.

또한 지역 병원과의 협력을 통해 친구들이 일반 진료를 받을 때도 일정 부분 할인 혜택을 받을 수 있도록 다양한 의료 지원을 마련하고 있습니다.

우리는 이 무료 진료를 통해 친구들이 육체의 아픔만이 아니라 마음의 상처도 치유 받고, 그 모든 과정에 그리스도의 위로와 치유의 손길이 함께하고 있음을 느낄 수 있기를 바랍니다.

이외에도 '이랜드복지재단'의 SOS위고 사업과 연계해 경제적으로 어려운 친구들에게 생활비를 지원하고, '희망친구 기아대책'과는 추석수련회를 함께하며 이주민 친구들의 영적 성장에 실질적인 도움을 주고 있습니다.

이주민을 섬기는 일은 끝이 없는 여정 같습니다. 하지만 우리는 그 모든 걸음 속에 그리스도의 사랑이 친구들의 마음 깊숙이 전해지기를 간절히 소망합니다.

우리는 성령이 우리 안에서 어떻게 활동하시는지를 정확
히 알 수 없어 답답할 때도 있지만, 성령은 여전히 우리를
어루만지며 서서히 하나님의 뜻에 순종하게 만들어 가고
계십니다.

제 3부

섬김의 길 위에 서서

결국은 하나님의 계획대로

주경선 목사

"우리는 그가 만드신 바라 그리스도 예수 안에서 선한 일을 위하여 지으심을 받은 자니 이 일은 하나님이 전에 예비하사 우리로 그 가운데서 행하게 하려 하심이니라" (엡 2:10)

나는 내가 지금 이처럼 목회자가 되어 이주민 사역을 감당하고 있으리라고는 전혀 예상하지 못했습니다. 우리나라에 외국인들이 많이 들어오고 있다는 사실은 알고 있었지만, 이주민과 직접 만나고 교류하는 일은 나와는 거리가 먼 이야기라고만 생각했습니다. 아니, 솔직히 말하면 그런 일에 대해 깊이 생각해 본 적조차 없었습니다.

그런데 어쩌다 보니 지금 이주민 사역의 한복판에 서 있게 되었습니다. 가만히 돌아보면, 하나님께서 나를 통해 이루고자 하시는 선한 계획이 있으셨고, 제 인생의 여러 갈래를 하나하나 엮어가며 여기까지 인도하신 것 같다는 생각이 듭니다.

올프렌즈 이야기를 전하려다 보니, 자연스럽게 내 삶의 여정을 나누는 간증처럼 되어버렸습니다. 혹시 이 글을 읽고 계신 분 중에, 나처럼 어딘가 모르게 어정쩡한 신앙의 자리에 머물러 있는 분이 계신다면, 이 작은 고백이 조금이나마 위로와 도움이 되었으면 좋겠습니다.

선교의 시작: 이주민 사역의 첫 발자국

제가 다니던 교회에서는 매년 캄보디아로 단기선교를 떠났습니다. 교회의 규모만큼이나 많은 사람들이 거창하게 준비해서 선교를 다녀왔습니다. 그런데 나는 선교에 대한 관심이 전혀 없었습니다. 매년 선교팀이 단기선교를 다녀온 후 선교 보고를 할 때마다, 나는 단기선교 잠깐 다녀오는 것이 과연 선교가 될까 하는 의문이 들었습니다.

"선교는 그 나라에 가서 뿌리를 내리고 살아가면서 복음을 전하는 것"이라고 생각했기 때문입니다. 당시에는 선교라기보다는 봉사활동처럼 느껴졌습니다.

아마도 지금도 그런 생각을 하시는 분들이 있을 거로 생각합니다.

그렇지만 내가 이주민 사역을 하는 지금은 그때와는 다른 관점으로 보게 되었습니다. 제가 만약 이주민 사역을 하지 않았다면 저도 같은 생각을 했을지도 모르겠습니다.

하지만 올프렌즈가 진행하는 단기선교는 다릅니다. 이곳에 온 캄보디아 이주노동자들이 세운 교회가 있고, 귀국한 친구들을 찾아가 이들의 믿음을 격려하고 믿음을 회복시키는 선교입니다.

또한 한국에서 올프렌즈에 나와 예수님을 믿는 친구 중에 몇 명을 선정하여 캄보디아 그들의 고향을 방문하여, 부모님과 가족들에게 우리 친구가 예수님을 믿고 있다는 사실을 선포하고, 가족과 마을 사람들에게 복음을 전하는 것입니다.

나는 선교가 다른 사람들의 이야기라고 생각했었습니다. 언어 능력이 뛰어나고 특별한 소명을 가진 사람들이 선교하는 것으로 생각했습니다. 교회에서 외국인노동자들에게 복음을 전하기 위해 '올프렌즈'를 설립하고 운영한다고 들었을 때도, 큰 관심을 가지지 않았습니다. 그 당시에는 우리나라에 이렇게 많은 이주노동자가 있다는 사실조차 알지 못했습니다.

지금 돌이켜 생각해 보면, 그때 이주노동자들에게 복음을 전해야 한다고 생각한 선배님들은 정말 선견지명이 있는 분들이셨습니다. 그때는 인구 감소라는 이야기도 나오지 않았고, 이주노동자들이 지금처럼 우리 산업에서 중요한 역할을 하게 되리라는 것을 예측하는 사람도 거의 없었기 때문입니다.

그런데 2012년, 갑자기 선교에 대한 관심이 생겼습니다. 이유는 잘 모르겠지만, 교회가 어려움을 이겨내고 다시 캄보디아 단기선교를 가기로 했고, 10명만 제한해서 선교를 간다고 했습니다. 아내도 선교에 관심이 없었지만, 그때는 오히려 저에게 가보라고 밀어줬습니다.

하지만 그 해는 모집 인원이 이미 다 차서 갈 수가 없었습니다. 그래서 내년에는 꼭 가기로 약속했습니다. 대신 올프렌즈에서 캄보디아어를 배울 수 있다기에 1년 동안 열심히 배우기로 했습니다. 그렇게 저는 학습자로 올프렌즈에 나가게 되었습니다. 사실 그때까지는 우리나라에 들어온 이주노동자들을 가까이서 본 적이 없었습니다.

지금 생각해 보면, 그때 올프렌즈를 운영하던 위원장님이 봉사자를 모집하기 위해 던진 미끼였다는 사실을 바로 알아야 했습니다. 그런데 당시엔 그런 것을 전혀 몰랐고, 순진하게 센터에 나가게 되었습니다.

처음에는 캄보디아어를 잘 배우려고 했지만, 제가 언어에 은사가 없다는 사실을 절실히 깨닫게 되었습니다. 지금도 사실 캄보디아어를 잘 못합니다. 어찌 됐든 이것이 바로 국내 선교에 발을 들여놓은 첫걸음이었습니다.

봉사의 시작: 이주민 사역으로의 초대

센터에 몇 번 나가다 보니, 이주노동자들에게 한국어를 가르쳐 달라는 부탁을 받게 되었습니다. 캄보디아 친구들에게 한국어를 가르쳐야 하는데, 한국어를 가르칠 사람이 부족하다는 것이었습니다.

처음에는 국어를 전공한 것도 아니고, 한국어를 가르쳐 본 경험도 없었기 때문에 "저는 한국어를 가르친 적이 없어서 못 합니다." 라고 거절했습니다. 그런데 센터에서는 한국말만 할 줄 알면 누구나 가르칠 수 있다고 하였습니다. 외국인 친구들에게 한국어로 이야기하는 것만으로도 한국어를 가르치는 것과 같다는 이야기였습니다.

결국 저는 매주 토요일마다 한국어를 가르치게 되었습니다. 우리나라 사람들은 한국어가 쉽다고 생각하지만, 사실 외국인들이 한국어를 배우는 것은 굉장히 어려운 일이었습니다. 한글은 배우기 쉬워도, 한국어의 문법과 표현은 상당히 복잡하기 때문입니다.

그러다 보니, 점점 더 체계적으로 가르쳐야 한다는 필요성을 느끼게 되었습니다. 그래서 한국어를 더 깊이 배우게 되었고, 한국어 교원 2급 자격도 취득하게 되었습니다.

봉사를 지속적으로 하다 보니, 또 다른 부탁이 들어왔습니다. 캄보디아 친구들에게 성경 공부를 해 줄 수 있겠냐는 것이었습니다.

교회학교 교사를 했던 경험이 있기 때문에 그 정도 수준에서 가르쳐 주면 된다는 것이었습니다. 부담이 되었지만, 대학교 때부터 주일학교 교사를 했기 때문에 공과 공부 수준의 성경 공부라면 할 수 있을 것 같다고 생각했습니다. 그래서 주일마다 올프렌즈에서 성경 공부를 가르치게 되었습니다.

소명으로 이끄심: 올프렌즈와 함께한 여정

처음에는 단순히 성경 공부를 하듯이 진행하려 했지만, 친구들을 가르치는 것이 단순한 공부로 끝날 일이 아니라는 생각이 들었습니다.

친구들과 성경 공부를 하면서, "외국인 친구들에게 복음을 제대로 가르치려면 내가 먼저 공부해야겠구나!"라는 생각이 들었습니다.

그 당시 친구들이 던지는 질문들은 종종 "어떻게 예수님이 하나님이신가요?"와 같이 내가 쉽게 대답하기 어려운 것들이 많았습니다. 나는 어릴 때부터 '예수님은 하나님이시다'고 배웠지만 그 의미를 깊이 이해하고 설명하는 것은 또 다른 문제였습니다. 그래서 더 깊이 공부하고 나서야 그들에게 제대로 설명해 줄 수 있었습니다.

이러한 경험을 계기로, 나는 직장 생활을 하면서 신학을 공부하기로 결심했습니다. 목회를 하겠다는 생각이 아니고 친구들에게 성경을 올바르게 가르치고 싶다는 마음이었습니다. 그리고 공부하는 과정에서 한가지 계획을 세웠습니다. 내 인생의 10분의 1을 하나님께

드리겠다는 마음으로, 인생 100년을 기준으로 10년은 해외 선교 하겠다고 마음먹었습니다.

그런데 아내는 내 계획을 듣고 강하게 반대했습니다.

"갑자기 무슨 선교? 나는 선교 안 가요! 가고 싶다면 당신 혼자 가세요!"

당시 아내도 올프렌즈에서 봉사하고 있었지만, 해외 선교라는 큰 사명을 감당하기엔 부담이 컸던 것입니다.

그렇게 올프렌즈에서 봉사자로 섬기다가 점차 역할이 확대되었 고 결국 이사로 사역하게 되었으며 이후 대표직으로 섬기게 되었 습니다. 신학 공부를 하면서 계획했던 10년간 해외 선교는 올프렌 즈를 섬기는 과정 속에서 흔들리기 시작했습니다. 하나님께서 나 를 해외가 아닌 이주민 사역에 계속 쓰시려는 것인지 묵상하게 되 었습니다.

이사장으로 섬기는데 사역을 함께하는 전도사들이 자주 바뀌게 되었습니다. 이러한 변화 속에서 지속적인 사역을 위해 안정적인 인력을 확보하는 것이 중요한 과제가 되었습니다.

올프렌즈와 같은 사단법인은 사역자로서는 법인이기에 경력이 인정되지 않고, 사회복지사로서는 복지법인이 아니어서 복지사로 서 경력이 공식적으로 인정되지 않습니다. 이러한 제약으로 인해 직원 채용이 더욱 어려운 상황이었으며, 더구나 급여 수준이 낮고 업무강도가 높은 편이라 사람들이 쉽게 선택하기 어려운 환경이었습니다. 그래서 고민 끝에 아내를 직원으로 근무하게 하였습니다. 원래 아내는 노인전문병원에서 영양 실장으로 안정적으로 일하고 있었는데, 사정사정해서 결국 아내를 올프렌즈 직원으로 앉히게 되었습니다. 사실 아내도 처음에 굉장히 망설였고, 봉사자로 섬기는 일을 급여를 받고 일한다는 것이 큰 부담이었지만, 결국 부르심으로 받고 함께 하기로 했습니다.

하나님께서는 우리가 생각하는 것보다 오랜 시간이 걸리더라도, 결국 하나님의 계획대로 천천히 이끌어 가신다는 것을 우리 부부는 그동안의 경험을 통해 깊이 깨닫게 되었습니다.

바람이 임의로 불듯이

요한복음 3장 8절에 성령이 어떻게 일하시는지 잘 설명된 구절이 있습니다.

이 말씀은 유대인의 지도자 니고데모가 밤에 예수님을 찾아와, 예수님이 하나님께서 보내신 분이라는 사실을 인정하는 장면에서 나온 것입니다. 그러나 예수님은 그 인정만으로는 부족하며, 중요한 것은 '거듭나야 한다'라고 가르쳐 주십니다. 이에 니고데모는 이렇게 반문합니다.

> "사람이 늙으면 어떻게 다시 태어날 수 있습니까? 두 번째 모태에 들어갔다가 다시 날 수 있겠습니까?"

그러자 예수님은 이렇게 대답하십니다.

> "진실로 진실로 네게 이르노니, 사람이 물과 성령으로 나
> 지 아니하면 하나님의 나라에 들어갈 수 없느니라. 육으로
> 난 것은 육이요, 영으로 난 것은 영이니 내가 네게 거듭나
> 야 한다고 말한 것을 놀랍게 여기지 말라."

그리고 이어서 성령이 어떻게 역사하시는지를 설명하십니다.

> "바람이 임의로 불매 네가 그 소리는 들어도 어디서 와서
> 어디로 가는지 알지 못하나니, 성령으로 난 사람도 다 그러
> 하니라." (요 3:8)

우리는 예수를 믿고 성령으로 거듭난 사람이라면 한 번쯤 성령
이 오순절처럼 강하게 역사하시기를, 혹은 하나님의 사역을 멋지
게 할 수 있기를 소망해 본 적이 있을 것입니다.

그러나 성경은 성령으로 난 사람의 삶이 바람이 임의로 부는 것
과 같다고 말합니다. 바람이 어디서 불어와 어디로 가는지 알 수 없
듯이, 성령도 우리의 삶을 이끄시지만, 그 구체적인 과정을 알 수
없다는 것입니다.

하나님께서는 우리 각자를 통해 이루고자 하시는 일이 분명히
가지고 계십니다. 그 일이 우리 마음대로, 우리가 원한다고 해서 즉

시 이루어지는 것도 아니며, 하고 싶지 않다고 해서 거부할 수 있는 것도 아닙니다. 하나님은 우리를 쓰시기 위해 이미 모든 것을 계획하고 계시다고 생각합니다.

그리고 성령은 우리를 바람처럼 부드럽게 어루만지며 이끌고 계십니다. 우리는 성령이 우리 안에서 어떻게 활동하시는지를 정확히 알 수 없어 답답할 때도 있지만, 성령은 여전히 우리를 어루만지며 서서히 하나님의 뜻에 순종하게 만들어 가고 계십니다.

모태신앙이었지만 믿음의 확신이 없어서 죄에 자유롭지 못하던 때가 있었습니다. 하지만 어느 순간부터인가 믿음 깊어지기 시작했고, 그 과정이 정확히 언제부터였는지 알 수 없지만, 내 마음속에 점차 확신이 자리 잡았습니다. '성령의 바람이 불듯이 나를 믿음으로 세우셨구나'고 믿을 뿐입니다.

그리고 저희 부부는 '하나님께서 우리에게 거저 주신 사역'임을 날마다 감사하게 여기고 있습니다. 많은 분이 사역을 준비하며 어떤 사역을 할지, 어디에서 할지, 어떻게 감당할지를 놓고 오랜 시간 기도하고 고민하며 길을 찾아갑니다. 그렇게 어렵게 시작한 사역이지만, 그 길은 언제나 쉽지 않은 여정이기도 합니다.

그런데 하나님께서는 저희에게 이 귀한 사역을 마치 선물처럼 허락해 주셨고, 저희는 그저 순종하며 걸어올 수 있었습니다. 그래서 더더욱 감사하고, 앞으로도 그 감사함으로 사역의 길을 걸어가고자 합니다.

언젠가 시간이 흐른 후에, 나는 이렇게 고백하게 될 것이라고 믿습니다.

"아, 하나님께서 올프렌즈를 통해 나를 이렇게 훈련시키고, 결국 하나님 나라로 이끄셨구나."

지금 이 모든 과정이 하나님의 뜻 안에서 다듬어지고 있음을 깨달으며...

올프렌즈와의 필연적 인연

유명운 목사

올프렌즈와 인연을 맺은 지도 벌써 15년이 넘는 것 같습니다.

전에 사역하던 교회에서 사회복지부를 담당하면서 다양한 기관을 후원하던 것이 계기가 되어 처음 올프렌즈를 알게 되었고, 이주노동자를 위한 사역을 하는 단체들이 광주에 많이 있다는 것을 알게 되었습니다.

처음에는 단순히 수많은 기관 중 하나로서, 어려운 기관의 재정적 후원을 계기로 알게 되었지만, 올프렌즈에 속한 한 지체가 유방암에 걸려 그 자매를 지원하고 협력하는 과정에서 이주노동자들의 힘든 삶의 모습과 열악한 환경을 접하게 되었습니다.

그리고 굳이 멀리 해외까지 나가지 않아도 국내에서 선교사역을 감당할 수 있는 부분이 많음과 이들을 잘 섬기고 복음화하는 것이 결국 현지에 나가 수십 년을 선교 사역하는 것보다 훨씬 열매가 크다는 사실도 알게 되었습니다.

뿐만 아니라 단순히 재정적인 도움이나 복음 전파를 넘어 이주 노동자들이 한국 땅에 적응하고 살아가기 위해서는 다양한 지원과 도움이 필요한데, 그 부분들을 올프렌즈와 같은 센터들이 잘 감당하고 있음도 알게 되었습니다.

그러다 내가 섬기는 교회에서 베트남에 지교회를 설립하면서 그곳의 사역을 지원하기 위해 베트남을 여러 차례 방문하며 베트남에 선교 비전을 품고 나와 있던 한 사역자를 만나게 되었습니다. 그와 교제를 하면서 그가 가지고 있는 이주민 선교에 대한 비전을 공유하게 되었고, 그가 나중에 한국으로 돌아와 올프렌즈에서 사역을 하고 있다는 소식을 듣게 되었습니다. 그래서 사역을 응원도 할 겸 우리가 지원하는 단체 현황도 파악할 겸 올프렌즈를 정식으로 방문하게 되면서부터 올프렌즈와의 좀 더 깊은 인연을 맺게 되었습니다.

그러다가 2019년 내가 사역하던 교회의 사역을 내려놓고 경기 광주에서 늘 마음에 품고 있었던 장애인 사역에 대한 새로운 비전들을 세워 나가면서 올프렌즈와의 인연이 좀 더 깊어지게 되었습니다.

처음에는 단순히 호기심과 내가 할 수 있는 역할이 있다면 도와주어야겠다는 생각으로 정기봉사를 시작하게 되었는데 시간이 지나면서, 또 이주노동자 친구들을 만나고 교제를 하면서 이 친구들이 한국 생활에 적응하고 정착하는 것이 내가 생각했던 것보다 훨씬 더 어렵고 힘들어한다는 사실을 알게 되었고, 누군가의 도움과 지원이 없이는 정착이 쉽지 않음을 알게 되었습니다.

그래서 부족하나마 이 친구들에게 신앙적으로 도움이 될 수 있는 것이 없을까 생각하다가 내가 전 교회에서 담당했던 새신자 양육 프로그램 및 성경공부 프로그램을 통해 신앙적으로 이 친구들의 정착과 자립을 도와야겠다는 생각으로 신앙 기초 훈련 및 성경공부를 가르치기 시작했습니다.

하지만 내가 베트남어를 전혀 모르는 가운데 성경공부를 가르친다는 것이 참 쉽지는 않았습니다. 아무리 옆에 통역자가 있어도 내가 가르치고 있는 내용을 이들이 100% 이해하는지도 모르겠고 성경공부를 하는 친구들의 신앙 수준이 어느 정도인지도 모르는 상황 속에서 '일방적으로 전달식 주입 교육을 하는 것이 맞나?'라는 생각이 들기도 했습니다.

특히 내가 평소에 즐겨 사용하던 단어나 어휘들이 이 친구들에게는 상당히 어렵게 들릴 수도 있고 신학적 용어에 대한 통역이 달라 그 뜻을 제대로 이해하지 못하는 부분들도 많았습니다.

교육을 하면서 나 나름대로 최대한 쉽고 간단하게 설명한다고 했지만 중간중간 질문을 해보면 전혀 이해하지 못하거나 엉뚱하게 받아들이는 경우들도 많았습니다. 어찌어찌 한 텀의 성경공부를 끝내고 나서 리더들과 평가를 하며 피드백을 들었는데 그리 좋은 피드백이 돌아오지 않아 마음이 상하기도 했습니다.

그러면서 내 마음에 든 생각은 3년을 동고동락하며 함께 지냈던 제자들을 향해 예수님이 "내가 언제까지 너희와 함께하며 언제까지 너희를 도와야겠느냐"고 푸념 어린 말씀을 하신 것이 충분히 이해되기도 했습니다. 그렇게 좌충우돌하며 올프렌즈에서 성경공부 및 설교, 교회학교 학생 담당 등 사역을 담당하면서 이주민 사역에 있어 조금씩 성장해 가는 계기가 되었습니다.

그러다 올프렌즈 사역자로 섬기던 목사가 개인적인 사정으로 그만 둘 때쯤 이사장님으로부터 올프렌즈에서 주말 사역을 해 보는 것은 어떻겠느냐는 제안을 받게 되었습니다. 전 사역자가 올프렌즈를 그만 두겠다고 이야기했을 때 혹시나(?)라고 생각했던 부분이 역시나(!)로 돌아오는 상황이 된 것입니다. 나는 한 번도 이주민을 위한 선교적 비전을 품어보지도 않았고 선교사로 사역해 보겠다고 생각해 보지 않았는데 …

특히 내가 광주에 정착하고 자리를 잡으려 한 것은 광주 지역의 장애인들의 영적 구원을 위해 장애인부서를 설립하기 위한 목적이었는데, 하나님은 장애인 사역으로의 길을 막으시면서 오히려 이주민 사역의 길을 여시는 것 같아 당황할 수밖에 없었습니다.

그래서 이사장님께는 기도해 보겠다고 하고 즉답은 피했습니다.

그러면서도 '어떻게 하면 좋게 거부를 할까?' 고민하며 기도하는데 기도하면 할수록 마음 한구석에서는 지금 하나님이 길을 여시는 쪽은 장애인이 아닌 이주민 쪽이라는 생각이 강하게 들었습니다. 그리고 결정적으로 이들 또한 영적으로 방황하고 있는, 누군가의 도움이 없이는 한국 땅에서 살아가기 힘든 영적 장애를 가진 존재들이라는 생각이 내 마음을 강하게 흔들어 놓았습니다.

내가 3년 동안 기도하며 아무리 노력해도 열리지 않았던 장애인 사역의 길을 오히려 하나님은 이주민을 대상으로 한 사역으로 그 길을 여신다는 생각에 도저히 핑계를 댈 수가 없는 지경까지 이른 것입니다.

결국 이사장님께 부족하지만 한번 해 보겠다는 의사를 전달하고는 과연 내가 잘 해낼 수 있을까? 걱정이 되기도 하면서도 사역은 내가 하는 것이 아니라 하나님이 하시는 것이고 나는 다만 그 사역의 도구로 쓰임 받는 것일 뿐이라는 믿음으로 본격적인 올프렌즈 사역을 시작하게 되었습니다.

처음 올프렌즈교회 사역을 시작하면서는 그저 '내가 신앙적 모델이 되어 주고, 이주민 친구들이 필요로 할 때 그 옆에 있어 주기만 하자.'라는 생각으로 사역을 접근 했었던 것 같습니다.

올프렌즈교회 담당 목사로서 이제 2년 조금 넘게 사역을 감당하면서 아직도 부족한 부분이 많이 있지만 그래도 조금씩 적응하고 알아가며 사역의 재미를 붙이고 있는 중 입니다.

사역을 하면서 예전에는 그저 봉사자의 마음이었다면 지금은 이 주민 친구들을 나의 목양 대상으로, 내 가족으로 품으며 그들을 표면적으로가 아니라 가슴으로 사랑할 수 있는 그런 목회자가 되기 위해 애쓰고 있습니다.

　올프렌즈와 나와의 이 필연적 인연이 언제까지 이어질지는 오직 주님만이 아시겠지만 사역이 주어지는 그날까지 사랑하는 친구들에게 조금이나마 위로가 되고 비빌 언덕이 되어 주길 소망해 봅니다. 그리고 나를 통해 친구들이 조금이나마 하나님을 인격적으로 만나고, 신앙적인 성장을 할 수 있기를 소망해 봅니다.

연약함 속에 머무는 은혜
순종의 걸음으로 발을 딛습니다

사무국장 김효영

올프렌즈를 섬기며, 저는 참으로 많은 이주민들의 삶을 가까이에서 마주하게 됩니다. 아이를 안고 찾아오는 엄마, 아픈 몸을 이끌고 도움을 요청하는 형제, 말 한마디 못 알아들어도 눈빛으로 간절함을 전하는 자매 …, 이들의 삶 속에는 늘 쉽지 않은 사연이 있고, 그 사연마다 복잡한 상황과 감정이 얽혀 있습니다.

처음에는 모든 사례에 담긴 사연들을 들을 때마다 그저 '도와야 한다'는 마음뿐이었습니다. 하지만 시간이 흐르면서, 현실의 무게와 행정의 벽, 감정의 소모, 그리고 한계에 부딪히는 제 자신의 연약함을 느끼게 되었습니다. 은혜를 구하며 나아가지만, 때때로 너무 벅차고 너무 힘이 듭니다. 아무리 기도해도 당장 해결되지 않는 문제들 앞에서, 인간적인 무력감에 깊이 잠길 때도 있습니다.

그럴 때마다 저는 제 연약함을 돌아보게 됩니다. "하나님, 제가 왜 이 자리에 있나요?"라는 질문이 입가에 맴돌고, 기도로 버티고 있던 마음이 무너지기도 합니다. 하지만 주님은 그 질문을 외면하지 않으십니다.

> "내 은혜가 네게 족하도다 이는 내 능력이 약한 데서 온전
> 하여짐이라 하신지라. 그러므로 도리어 크게 기뻐함으로
> 나의 여러 약한 것들에 대하여 자랑하리니, 이는 그리스도
> 의 능력이 내게 머물게 하려 함이라." (고린도후서 12: 9)

하나님께서는 연약한 제 모습을 그대로 아시기에, 오히려 그 아픔과 고민의 시간을 통해 저를 다시 주님의 뜻 앞으로 이끌어주십니다.

아무것도 해줄 수 없을 것 같은 무력한 상황 속에서도, 말씀은 때마다 제게 살아 있는 음성으로 다가왔습니다.

> "내가 너를 누구에게 보내든지 너는 가며 내가 네게 무엇
> 을 명령하든지 너는 말할지니라"(예레미야 1:7하)

이 말씀이 가슴 깊이 새겨지며, 이주민들을 향한 주님의 사랑을 전하라는 사명이 나의 길임을 다시금 확인하게 됩니다.

하지만 그렇다고 해서 담대하고 강한 것은 아닙니다. 순간순간 여전히 도망가고 싶을 때가 많습니다. 일이 감당 안 될 때, 마음이 지칠 때, '이쯤에서 멈추면 안 되나!'라는 생각이 드는 건 솔직한 제 마음입니다. 그럴 때마다 저의 부족함과 연약함이 너무나 크게 느껴집니다.

그런데 신기하게도, 그렇게 무너지고 작아졌을 때, 주님께서는 항상 더 큰 위로와 힘으로 저를 일으켜 세우십니다. 다시 무릎 꿇게 하시고, 다시 걸어가게 하십니다. 사람이 보는 것이 아니라, 하나님이 붙드신다는 것을 경험하게 하십니다.

이 사역은 하나님의 일하심이 더 분명히 드러나는 자리임을 이제는 조금씩 깨닫고 있습니다. 우리의 힘으로는 안 되는 것을 주님이 하실 때, 그 자리에 은혜가 있습니다. 그래서 오늘도, 다시 무거운 발걸음을 옮겨 봅니다. 여전히 부족하고 흔들리지만, 그래도 주님이 함께하시기에 다시 한 걸음 내딛습니다.

주님께서 이 자리에서 저를 부르신 이유, 그리고 올프렌즈 공동체를 통해 이주민 친구들에게 전하고자 하시는 하나님의 사랑을, 제 삶과 사역으로 전할 수 있기를 간절히 소망합니다. 부족한 나를 통해 일하시는 하나님이시기에, 저는 오늘도 다시 한번 순종의 걸음을 내

딛습니다.

또 내일에 세워질 사역자를 위해 기도합니다.

올프렌즈의 결이 다른 선교여행

그레이스박 선교사

"선교란 아직 하나님의 이름을 알지도 못하고 부르지도 않는 사람들로 하여금 하나님의 이름을 부르도록 하는 것이며, 아직 하나님께 영광 돌림이 없는 곳에 가서 하나님께 영광을 돌리도록, 그리고 하나님께 예배드림이 없는 곳에서 하나님께 대한 예배가 충만하도록 만드는 것이다,"

_ Steven Hawthorne

    이십여 년 전 한국을 떠나 타국에서 낯설고도 어색한 환경 속에서 이주민으로 좌충우돌하며 살아온 나날들이 뒤돌아보면 내겐 깊은 깨달음과 값진 경험을 안겨주었습니다. 누군가는 내가 경험했던 이주민의 삶을 한국에서 살아내는 이들도 있다고. '이주민이 이주민의 마음을 조금은 더 이해할 수 있지 않을까?'하여 역파송을 받아 한국으로 돌아왔고, 감사하게도 그 길 위에서 '올프렌즈'를 만나게 되었습니다.

선교사의 길을 걸으며 세계 곳곳의 선교지를 다닌 경험 속에서, 서로 다른 피부색과 언어, 신앙을 가진 이들과의 만남은 매번 새로운 깨달음이었고 감동이었습니다. 다양한 선교 훈련과 그 과정에서 쌓아진 경험은 나에게 수많은 사역의 가능성을 심어주었고 '올프렌즈'는 그 모든 것을 아우르며 나에겐 마치 오랜 친구처럼 친숙함과 동시에 고국에서 만날 이주민들로 인해 설렘이었습니다.

올프렌즈에 합류한 지 불과 한 달 남짓 되었던 지난해 6월, 감사하게도 캄보디아로의 선교 여정에 동참할 기회를 얻었습니다. 아직 올프렌즈의 전반적인 사역을 파악하지 못한 상태에서, 첫 해외 사역에 나선다는 것은 설렘과 호기심이 교차하는 경험이었습니다.

일반적으로 개교회 단기선교팀의 선교 여정은 출발부터 마치는 날까지 파송된 선교사님들의 사역을 지원하기 위해 그들이 준비한 일정과 계획에 따라 사역을 감당하고 오는 경우가 대부분이고, 이는 단기선교의 목적 중 하나이기도 합니다.

그런데 올프렌즈와 함께한 단기선교는 이전에 익숙했던 선교 여정들과는 다른 결이었습니다. 마치 초대교회의 사도 바울이 그랬던 것처럼 이전에 복음을 전했던 성도들을 찾아가 안부를 묻고 믿음을 나누는 선교여행이었습니다. 첫 만남이었지만 주안에서의 만남은 한 형제와 자매라는 벅찬 감동이 가슴 깊이 밀려왔습니다.

그곳에서 만난 이들은 과거 이주노동자로 한국에 머무르며 올프렌즈에서 함께 교제를 나누었던 사람들이었습니다. 삶의 한가운데에서 처음 교회를 접하고 예수님을 구주로 영접한 이도 있었고, 신앙의 길을 걸으며 집사로 거듭나 땅을 헌물하여 교회를 세우고 섬기기까지 하는 놀라운 변화를 이룬 이도 있었습니다.

한국에서의 이주노동자로서의 삶을 마무리한 친구들이 캄보디아 곳곳에서 흩어져 살고 있었고, 우리의 방문으로 인해 다시 하나로 모이는 시간을 가지게 되었고, 그들을 다시 믿음 안에 하나로 이어주는 특별한 시간이었습니다. 캄보디아로 돌아온 친구들이 각자의 시간을 넘어 메콩강 선상에서의 만남은 축제와도 같았고, 시간이 지나면서 서로의 이야기는 꼬리에 꼬리를 물며 흐르는 강물처럼 그렇게 이어졌습니다.

메콩강 위로 펼쳐진 풍경은 어부들을 부르셔서 제자로 삼으신 예수님의 이야기를 떠오르게 했습니다. 물 위에 띄워진 작은 배, 그리고 그 배 안에서 흩어진 지체들과의 만남은 이내 마음 깊은 곳에 감동과 경외를 불러일으키고 있었고, 집회가 시작되기도 전에 나는 이미 마음이 매료되어 이 모든 것이 하나님의 인도하심이며 은혜임을 느껴졌습니다.

선상에서 드린 찬양과 주님의 말씀, 함께 나눈 만찬, 그리고 주 안에서 서로의 안부를 나누며 웃음과 기쁨으로 가득했던 시간. 그 순간은 마치 천국을 살아가는 듯한 축복의 시간이었습니다. '이것이 천국이 아니면 어디가 천국이겠는가?'라는 마음이 절로 떠올랐고, 사도 바울이 그토록 그리워했던 성도들과의 재회가 얼마나 기쁨에 찼을지 조금은 이해할 수 있었습니다.

짧았던 여정이었지만, 이 만남과 예배가 친구들 안에서 새로운 생명의 예배로 다시 피어나길, 그리고 하나님을 알지 못해 헛된 것을 숭배하던 영혼들에게 복음이 전해져 그들도 주님의 자녀로 거듭나는 은혜의 시작이 되길 간절히 소망합니다. 우리의 작은 발걸음이 주님의 크신 계획 안에서 귀한 촉진제가 되길 바라며, 이 결단과 열정으로 계속해서 복음의 씨앗을 뿌리는 올프렌즈가 되길 소망합니다.

작은 별들이 모여서
은하계를 이루듯이

이수교회 이수교 장로

"지극히 작은 자 하나에게 한 것이 곧 내게 한 것이니라" (마 25:40하)

우리는 이 말씀에는 익숙해져 있지만, 예수님은 반대로 이렇게도 말씀하셨습니다.

"이 지극히 작은 자 하나에게 하지 아니한 것이 곧 내게 하지 아니한 것이니라" (마 25:45하)

지난 15년 동안, 올프렌즈의 역사 가운데 중요한 것 하나는 코로나19 팬데믹 3년 동안을 제외하고 많은 자원봉사자들의 발길과 손길이 끊이지 않았다는 것입니다. 초창기에는 농장들을 매주 돌아다니면서 단 한 명의 이주노동자라도 전도하면서 픽업해 주셨고, 초대 위원장으로 수고하고 애쓰신 이우교회 장병철 집사님의 헌신에서 시작하여, 역대 총무님들도 많은 수고를 감당해 주셨습니다.

한글교육, 픽업, 미용, 주방 봉사, 기부 등 여러 가지 형태로 자원봉사자들의 수고하고 섬겨 주신 일들은 너무 많아, 하나하나 다 나열하기가 어려운 정도입니다.

어떤 총무님은 주중에는 저녁에 심방하고, 주말에는 토요일과 주일, 이틀을 봉사하다 보면 파김치가 되어서 돌아가는 모습이 떠오릅니다. 어떤 분은 십 년이 넘게 예배 반주로 아직도 봉사하고 계십니다.

한참 이주노동자들이 많이 왔던 2014년부터 2019년 동안에는 매주 화요일 저녁에 농장과 공장 심방조를 편성하여 열심히 심방하였습니다.

행사 때는 설거지를 150명분 이상 하느라 힘들어 했던 시절도 있었습니다. 어떤 주방 봉사자는 친구들에게 색다른 음식을 대접하고자 집에서 반찬을 만들어 오시기도 했고, 좀 더 맛있는 밥을 만들고자 애쓰신 분도 떠오릅니다. 만삭이 되어 센터에 머물던 이주민 임산부를 대접하기 위해서 과일을 듬뿍 사 오신 분의 얼굴도 스쳐 갑니다. 또 코로나19 기간 중 봉사자들의 발길이 드문 가운데서도 방문하여 식사를 대접한 손길도 있었습니다.

어떤 한국어 교육 봉사자는 10년 이상을 한결같이 지금도 수고해 주고 계십니다. 또 어떤 한국어 교육 봉사자는 다문화 가정의 친구들이 귀화 시험에 합격하도록 한국어 공부를 정말 정성스럽게 가르쳐 합격시킨 감동적인 사례도 있었습니다.

탁구 코치로, 미용 봉사자로, 의료 봉사자로, 픽업 봉사자로, 병원 동행 봉사로, 다양한 모습으로 수고해 주신 많은 분들의 얼굴이 스쳐 지나갑니다. 어떤 봉사자는 픽업을 오후 6시 정도에 가서 데려오고, 멀리 곤지암에서도 더 깊숙한 곳까지 다시 데려다주고 돌아오면 11시가 넘어서 집에 귀가한 적도 많았습니다. 그 와중에 캄보디아 회화를 배워서 친구들을 심방할 때 최대한 친밀감을 높이신 봉사자분도 기억에 남아 있습니다. 존경스러웠습니다.

올프렌즈는 여러 교회와 단체의 후원과 기부자들의 후원으로 지난 15년간 사역을 이어올 수 있었습니다. 어떤 분은 그 후원금을 투명하게 매월 장부 정리를 일일이 수고스럽게 잘 해주고 계십니다. 감사직을 맡고 있는 저로서는 한분 한분에게, 한 교회 한 교회에게 하나님께서 되갚아 주시기를 간절히 바라고 원합니다. 사업을 하고 계신 분은 나름대로 재정의 은사대로, 소액이지만 꾸준하게 후원하는 손길은 손길대로 주 안에서 참 아름답게 느껴집니다.

한때 곤지암까지 매주 주일 아침 픽업했던 '쓰레이몸'이 결혼을 해서 아기를 낳고 캄보디아로 돌아갔는데, 현지에 단기선교를 갔을 때 재회의 기쁨은 너무나 컸습니다. 시아누크빌 숙소에서 합심 기도했던 시간들, 해변가에서의 즐거웠던 장면들, 라이프대학 신학생들과의 만남, 깜뽕짬 뜨러바엑 마을의 올프렌즈 교회 방문과 만났던 어린이들과 청소년들, 깜뽕짬 올프렌즈를 든든히 지키고 있는 정후식 선교사님과 땀 집사의 헌신을 잊을 수 없습니다.

작년에는 할렐루야교회에서 깜뽕짬 마을 선교에 이어서, 금년에는 이우교회의 20여 명이 넘는 단기선교단이 가서 축구를 통한 스포츠 선교와 한국 음식 대접, 마을에 태양광 가로등 설치 등 마을 복음화에 힘쓰고 있습니다.

올프렌즈는 선교의 베이스캠프입니다. 봉사자 한분 한분이 반딧불이 되어서 흑암과 암흑의 땅, 캄보디아와 베트남을 밝히기를 소망합니다.

작은 별들이 모여서 은하계를 이루듯이...

다만 우리가 이주민 사역을 통해 깨달은 것은, 하나님께서 하시는 일은 언제나 우리의 생각을 뛰어넘는다는 것입니다. 그리고 그 일을 통해 놀라운 체험을 하게 하신다는 사실입니다.

제 4부

이 땅에서
그들을 향한 마음

이주민 친구들의 근황

코로나19 이후 변화된 공동체의 모습

지금은 한국에 들어온 이주민들이 훨씬 많아졌지만, 올프렌즈에 나오는 친구들의 수는 코로나19 이전에 비해 많이 줄었습니다. 코로나 전에는 토요일과 주일 예배에 70~80명 정도가 참석했지만, 현재는 약 20~40명 정도가 함께 예배드리고 있습니다.

코로나19 이전에는 올프렌즈 친구들이 리더, 중간 리더, 새 친구로 자연스럽게 구분되었고, 시간이 흐르며 새 친구는 중간 리더로, 중간 리더는 리더로 성장해 예배를 준비하고 친구들을 이끄는 순환 구조가 잘 자리 잡고 있었습니다. 이러한 선순환은 전임 사역자들과 많은 섬김이들의 수고와 헌신 덕분에 가능했습니다.

하지만 코로나19 이후 상황은 급격히 달라졌습니다. 리더 역할을 하던 친구들은 대부분 본국으로 돌아가야 했고, 중간리더들은 모임 자체가 어려워지며 리더로서의 훈련을 받지 못한 채 흩어졌으며, 코로나 기간에 새 친구는 한 명도 없었습니다.

이전에 센터에서 봉사하셨던 분들은 기억하실 겁니다. 토요일이면 여러 지역으로 나뉘어 친구들을 픽업하러 다녔고, 화요일에는 농장을 방문해 친구들을 모아 성경공부를 함께 했습니다. 그러나 지금은 그와 같은 픽업 여건이 마련되지 못하고 있으며, 주중에 성경공부 모임을 갖는 것도 더욱 어려워졌습니다.

이주 초기에는 한국어를 배우거나 여러 도움을 받기 위해 센터를 찾는 친구들이 많았지만, 지금은 상황이 달라졌습니다. 한국어 교육 기관도 많아졌고, 기본적인 한국어만으로도 생활이 가능하다고 느끼기에 굳이 배우려 하지 않습니다.

이주노동자를 채용한 회사도 초기에는 모든 이주노동자들이 한국어를 잘 하도록 해서 일을 시켰는데, 이제는 그중에 한국어를 잘하는 한 명을 반장으로 세우고 다른 친구들에게 작업 내용을 전달하도록 합니다. 나머지 친구들은 한국어를 열심히 하지 않아도 일하는데 전혀 문제가 없습니다. 그러니 굳이 한국어를 열심히 할 필요성을 못 느끼기도 합니다.

또한, SNS를 통한 국가별 커뮤니티가 활발히 형성되어 필요한 정보와 도움을 서로 주고받고 있습니다. 어디에서 어떤 도움을 받을 수 있는지, 어떤 회사의 환경이 좋은지 등의 정보가 공유되면서, 센터를 찾지 않아도 충분히 문제를 해결할 수 있다고 생각하는 경우가 많아졌습니다.

이주노동자의 현실과 우리가 감당할 사명

이주노동자 친구들은 한국에 오기 위해 자국에서 한국어 시험을 보고, 일정 점수 이상을 받아야만 자격이 주어집니다. 그 후 2년 이내에 한국 회사로부터 채용 허락을 받아야 실제 입국이 가능합니다.

일하는 고용 허용 업종은 제조업, 농축산업, 건설업, 어업, 임업, 광업, 그리고 최근에 일부 서비스업으로 한정되어 있고, 한 번 합격해서 정해진 업종은 마음대로 바꿀 수가 없습니다.

최근에 한국 회사는 한국말을 잘하는 이주노동자보다 나이가 어린 젊은 인력을 더 선호합니다. 한국말 잘하는 친구 입장에서는 나이 어린 동료에게 업무를 지시하는 것이 더 수월하기 때문입니다.

이렇게 한국에 오게 된 이주노동자들은 '비전문취업'(E-9) 비자를 받고, 회사와 처음 3년간 계약하고 일합니다. 성실하게 일하면 추가로 1년 10개월의 연장 계약을 맺을 수 있어, 총 4년 10개월간 한국에서 합법적으로 일할 수 있습니다. 이나마도 제조업에서 일하는 노동자와 농업에서 일하는 노동자는 일하는 데 있어서 많은 차이가 있습니다.

근무 기간을 다 채운 후에 회사가 성실근로자로 인정하면, 다시 초청받아 한 번 더 한국에 들어올 수 있습니다. 이 제도는 회사 입장에서는 숙련된 인력을 다시 채용할 수 있어 효율적이고, 친구들 입장에서는 재시험 없이 한국에서 일할 수 있는 좋은 기회이기에 양측 모두에게 이로운 구조입니다. 최근에는, 이 제도를 통해 다시 한국에 오는 친구들이 점점 늘어나고 있습니다.

'비전문취업'(E-9) 비자로 5년 이상 일한 친구들 중 일정 자격을 갖춘 경우에는 '특정활동'(E-7) 비자로 전환할 수 있는 기회도 주어집니다. 물론 아무나 되는 것은 아니며, 현 직장에서 1년 이상 근무했는지, 연봉 수준, 나이, 자격증 보유 여부 등에 따라 점수를 부여하고, 연간 할당된 인원에 따라 선발됩니다.

'특정활동' 비자로 전환된 친구들은 비자를 연장하며 계속 한국에서 일하면서 거주할 수 있고, 가족을 초청해 함께 생활할 수도 있습니다. 단, 비자 전환 후에도 사회통합프로그램 이수와 같은 일정 조건을 충족해야 합니다. 최근 정부 차원에서도 E-7 비자 전환 요건을 완화하면서 전환 사례가 더욱 늘어나고 있습니다.

이주노동자들이 실제로 일하는 여건은 우리가 일반적으로 생각하는 것과는 큰 차이가 있습니다. 물론 모두가 그런 것은 아니지만, 여전히 인권을 보장받지 못한 채 일하는 친구들도 많습니다.

명절수련회 준비하면서 친구들에게 쉬는 날을 물어보면 "몰라요."

라는 답을 듣는 경우가 많습니다. 회사에서 공휴일 근무 여부를 알려주지 않거나, 하루 전날에야 알 수 있는 경우가 많습니다. 야근도 마찬가지로, 오후 늦게서야 당일 야근을 통보받습니다.

한국인에게는 공휴일이나 야근 여부가 사전에 확실히 공지되는 것이 당연한 일이지만, 친구들에게는 그러한 선택의 자유조차 없는 경우가 많습니다.

그들이 머무는 숙소 환경은 여전히 열악한 경우가 많습니다. 2020년 12월, 경기 포천시의 한 농장 비닐하우스에서 거주하던 캄보디아 출신 근로자 '속행' 씨가 영하 20도의 강추위 속에 숨지는 안타까운 일이 있었습니다. 대한민국 땅에서 동사로 목숨을 잃은 사건이었습니다.

이 사건 이후, 정부는 숙소 기준을 강화했습니다. 고용노동부에서 비닐하우스 내 컨테이너나 조립식 패널을 숙소로 제공하는 사업장에는 더 이상 고용 허가를 내주지 않겠다고 발표했고, 이미 해당 시설을 숙소로 사용 중인 경우, 이주노동자가 사업장을 변경할 수 있도록 허용했습니다. 왜냐하면 이주노동자는 사업주와의 근로계약을 전제로 입국하기 때문에 원칙적으로는 고용 허가를 받은 사업장에서만 일할 수 있기 때문입니다.

좋은 환경에서 머무는 친구들도 있지만 여전히 편법과 무책임한 운영이 반복되고 있는 경우도 많습니다. 일부 숙소는 한국인이라면 차라리 노숙을 택할 것 같다고 말할 정도로 비위생적이고 위험

한 환경도 있습니다. 대체적으로 공장에서 일하는 친구들은 상대적으로 나은 형편이지만, 농장에서 일하는 이주노동자들의 숙소는 훨씬 더 열악한 경우가 많습니다.

삶의 터전조차 불안한 상황에서, 그들이 겪는 외로움과 고단함은 말로 다 표현할 수 없으리라 짐작합니다.

환경이 좋든 안 좋든 이주민들은 타국에서의 외로움을 느끼기 마련입니다. 그렇기에 그들에게는 따뜻한 손길이 필요합니다. 더불어, 고국에서는 알지 못했던 예수님을 만날 수 있는 기회를 열어주는 일은 여전히 우리에게 맡겨진 중요한 사명입니다.

하나님의 뜻
친구들의 손을 통해 이루시다

캄보디아에서 교회가 자립하여 성장하는 것은 결코 쉬운 일이 아닙니다.

이는 단순한 경제적 어려움을 넘어서, 캄보디아의 아픈 역사, 깊이 뿌리내린 불교문화, 그리고 선교사 중심으로 형성된 교회 구조가 복합적으로 얽혀 있기 때문입니다.

킬링필드의 영향: 신앙의 뿌리를 흔든 비극

1975년부터 1979년까지 캄보디아는 폴 포트 정권 아래에서 인구의 1/3이 희생당할 정도로 극심한 탄압과 학살을 겪었습니다.

'킬링필드'로 알려진 이 잔혹한 시기는 단순한 정치적 탄압을 넘어, 신앙까지 말살하려 했던 시대였습니다. 모든 종교 활동이 철저히 금지되었고, 많은 성직자와 기독교 지도자들이 희생당했습니다. 정권이 끝난 이후에도 킬링필드의 깊은 상처는 캄보디아 사회에 오랫동안 남아 있었습니다.

종교가 철저히 파괴된 경험을 가진 이들에게 새롭게 교회 공동체를 세우고 자립적인 구조로 성장하는 것은 결코 쉽게 이루어지지 않는 현실인 것입니다.

선교사 중심의 교회 구조: 자립을 향한 어려움

캄보디아는 오랜 역사 속에서 불교를 국가의 근간으로 삼아왔으며, 국민 대다수가 상좌부 불교(소승 불교) 신앙을 가지고 있습니다. 불교는 단순한 종교를 넘어 사람들의 생활 방식과 가치관에 깊숙이 자리 잡고 있습니다.

이러한 종교적 배경 속에서 캄보디아 민족에게 기독교는 꽤 낯선 종교일 것입니다. 이러한 현실을 보여주듯이 2023년이 캄보디아 선교 100주년이 되는 해이었음에도 기독교 복음화율이 1%에 불과하고, 전국 1만 4천여 마을 중에 82%가 교회가 없는 실정입니다.[1]

기독교가 캄보디아에 전파된 과정 또한 외국 선교사들에 의해 이루어졌고, 선교사들이 교회를 세우고 운영하는 형태가 일반적입니

---

1 이지희, 「캄보디아 개신교 선교 역사 100년 눈앞, 교회 자립은 어떻게?」, 기독신문, 2021.11.11., https://missionnews.co.kr/news/583294

다. 이에 따라 현지 신도들이 직접 교회를 세우고 운영하는 경험이 부족하다 보니, 시간이 지나도 여전히 외국 선교 단체의 지원에 의존하는 교회들이 많습니다.

여러 방향으로 신앙을 유지하고 공동체를 성장시키려는 노력은 지속하고 있지만, 캄보디아에서 교회가 자발적이고 독립적인 형태로 뿌리내리는 길은 쉽지 않은 게 현실이라고 여겨집니다.

예상치 못한 선교의 기적, 친구들이 세운 교회

이러한 어려움 속에서도 하나님께서는 예기치 못한 방식으로 그의 뜻을 이루어 가시고 계십니다. 2017년 어느 날, 올프렌즈 캄보디아 공동체 친구들이 예배 후 따로 모여 무언가를 논의하기 시작했습니다. 처음에는 단순한 모임일 것이라 생각했지만, 시간이 흐르면서 친구들은 점점 조직적으로 움직이기 시작했습니다. 그들은 모임을 지속하며 돈을 모으는 듯한 모습도 보였습니다.

올프렌즈를 통해 예수님을 믿게 된 캄보디아 친구들이, 자신의 고국에도 같은 사랑을 전하고 싶어 하나둘씩 준비해 나가고 있었던 것입니다. 그들은 조건 없는 사랑을 경험했고, 그 사랑을 자신들만 간직하기보다 나누고 싶어 했습니다. 올프렌즈가 이주민인 자신들을 아무 조건 없이 도와주고 섬겨주는 모습에 큰 감동을 받았다고 친구들이 말을 합니다. 그래서 자기들도 고국에 복음의 사랑을 전하고, 가난한 이웃을 돌보고, 배움의 기회를 원하는 친구들을 돕는 선한 일을 하고 싶다고 했습니다. 그렇게 뜻을 함께한 몇몇 친구들이 힘을 모아 하나하나 준비해 나간 것이었습니다.

그중 '롱땀'은 고향인 뜨러바엑 마을에 있는 자기 땅을 센터 부지로 헌납하였고, 찬양 리더로 활동하고 있었던 친구는 한국 직장에서 한 달간 휴가를 내어 캄보디아에 가 직접 센터를 짓는 수고도 아끼지 않았습니다.

그렇게 해서 깜뽕짬 뜨러바엑 마을에 '올프렌즈센터'가 세워지게 되었습니다.

우리는 친구들이 센터를 지어가고 있다는 사실을 알면서도 모르는 척했습니다. 왜냐하면, 이 일은 친구들이 자발적으로 마음속에 가지게 된 소망이었고, 그 꿈을 스스로 이루어가기를 바라며 그저 기도로만 함께하였을 뿐입니다.

올프렌즈의 설립 목적 중 하나가 '현지에 센터(지교회)를 세운다'는 것이었지만, 우리는 이것이 먼 훗날의 일이라 생각했습니다. 그런데 주님께서는 친구들의 손을 통해 그 뜻을 예기치 않게 이루어가고 계셨던 것입니다.

후에 친구들에게 왜 우리에게 아무 말도 하지 않고 이 일을 진행했는지 물어보았는데 그 답은 "선생님들께 서프라이즈를 하고 싶었어요!" 라고 답했습니다. '서프라이즈'를 하고 싶었다는 말 속에는, 받은 사랑에 대한 감사뿐만 아니라 자신들도 하나님 앞에서 자립적으로 신앙을 세워가고 싶다는 간절함이 담겨 있었다고 생각합니다.

그렇게 친구들이 중심이 되어 센터를 세웠고, 2018년 3월 3일, 한국 분당에 위치한 이우교회의 목사님과 성도님(올프렌즈 섬김이)6명이 참석하여 캄보디아 깜뽕짬 올프렌즈센터의 설립 감사 예배가 드려졌습니다.

많은 사람들이 센터라고 하면 한국의 교회와 같은 건물을 떠올릴지 모르지만, 실제 모습은 전혀 그렇지 않습니다. 오히려 겉보기에 초라해 보일 수도 있습니다. 쇠기둥이 세워졌고, 벽은 1미터도 되지 않아 바깥이 훤히 보이며, 지붕은 양철로 덮여 있었습니다. 그럼에도 당시 캄보디아 시골 마을에서는 꽤 근사한 건물이었습니다.

감사로 센터가 세워지기는 했지만, 운영하기에는 큰 어려움이 있었습니다.

캄보디아는 경제적으로 취약한 국가 중 하나이며, 교회는 단순히 예배를 드리는 공간을 넘어 지역 사회를 돌보고 성도들에게 필요한 지원을 제공하는 중요한 역할도 해야하는데 사역자도 경제적 지원도 확보가 되지 않았던 것입니다.

원래는 '롱땀'이 한국에서 일한 후 귀국하여 신학을 공부하고 센터에서 사역을 감당할 계획이었지만, 한국에서의 일할 기간이 많이 남아 있는 상태여서 돌아가는게 현실적으로 어려웠습니다. 그래서 고신대학교 선교학과를 졸업하고, 한국에 이주노동자로 일하며 올프렌즈 캄보디아 공동체 일원이었던 '싸이'전도사에게 깜뽕짬 올프렌즈 리딩을 부탁하였습니다. 그는 1년여 동안, 평일에는 일터에서 일하고 주일에는 센터에서 사역을 감당하였지만, 직장을 먼 곳으로 옮기게 되어 더 이상 사역을 할 수가 없는 상황이 되었습니다.

뜨러바엑 마을에는 어린이가 참 많습니다. 이우교회와 연합하여 단기선교를 갈 때면 그곳에 모인 어린이들이 200명이 넘게 모여 주일학교 어린이 사역을 합니다. 이렇게 어린이들이 많고 올프렌즈 친구들이 하나님께 예배드리기 위해 귀한 마음으로 만든 예배당이 무너지게 지켜볼 수만은 없었습니다.

그래서 깜뽕짬 올프렌즈센터의 주일예배를 섬겨주실 선교사님을 여러 방면으로 알아보았습니다. 대부분의 선교사님들이 수도인 프놈펜에서 사역하시고 프놈펜에서 차로 두 시간 정도 소요되는 거리에 있는 깜뽕짬 올프렌즈로 선교사님이 들어가서 사역하기에는 쉽지 않은 곳이었습니다. 사역으로 섬겨주실 분을 찾던 중 감사하게 정후식 선교사님과 연결되어 동역하여 주시기로 하였습니다.

올프렌즈도 열악한 재정상태여서 사례비를 드릴 수도 없는 상태였고 단지 센터를 운영할 수 있는 최소 비용과 오고가는 차량 유류비정도만 지원할 수밖에 없는 형편이었는데, 정후식선교사님께서 기꺼이 사역을 함께 해 주기로 하셨던 것입니다.

선교사님의 헌신으로 인해 현재 깜뽕짬 올프렌즈센터는 어린이 60~70명, 청년 20~40명이 모여 예배드리고 있습니다. 또 이곳에서 자란 청년들이 고등학교를 졸업하고 대학을 입학하거나 사회로 나가

각자의 삶의 자리에서 믿음 생활을 하고 있습니다. 특히 올프렌즈 장학생으로 프놈펜장로교신학대학의 유아교육과를 졸업한 2명의 친구들이 주일이면 센터에 돌아와 예배를 인도하는 하나님의 놀라운 계획이 이루어지고 있음을 보여주십니다.

사실 이 두 친구들이 유아교육과에 진학하기 전, 그들의 선배 2명을 다음 세대를 위해 장학생으로 세우고자 했습니다. 한국에서 캄보디아로 직접 날아가 부모님을 만나며 입학을 권유했지만, 당시에는 계획이 순조롭게 이루어지지 않았습니다. 사람의 생각으로는 막힌 길처럼 보였고, 하나님께서는 그 과정에서 오직 기도만을 허락하셨습니다.

그렇게 인내하며 기도하던 시간이 지나, 다음 해에 하나님께서 놀라운 응답을 주신 것입니다. 그들이 학업을 마치고 다시 센터로 돌아와, 자신들이 배운 것을 바탕으로 예배를 인도하며 새로운 믿음의 씨앗을 심고 있습니다.

이 모든 과정은 하나님의 섭리가 이루어지는 아름다운 순환이었으며, 받은 은혜를 다시 흘려보내는 친구들의 헌신 속에서 신앙 공동체가 더욱 단단하게 세워지고 있습니다. 하나님께서는 사람이 생각하지 못한 길을 열어 가시며, 그의 뜻을 통해 각 사람의 삶 속에서 놀라운 기적을 이루어 가는 것을 보여주고 계십니다.

지금은 롱땀 집사님이(한국에 있는 동안 집사 직분을 받음) 캄보디아로 귀환하여 정후식선교사님과 함께 센터를 섬기고 있습니다.

귀국하여 신학을 공부하려고 했지만, 부인의 반대와 몇 가지 현실적인 문제로 신학교에 가는 것은 어려운 상황입니다. 하지만 마을에서 좀 떨어진 곳에 선교사님이 운영하는 성경통역학교에 다니면서 공부하고 있습니다. 또 2023년 부터는 이우교회에서 스포츠단기선교로 마을에 올프렌즈 축구대전을 치르고 마을 길에 가로등을 세우는등 마을 복음화를 위해 함께하고 있습니다.

'Beach-C': 바다의 모래처럼 복음을 전하고 싶었지만

깜뽕짬센터를 세운 친구들은 센터의 자립을 위해 직접 재정을 마련하고자 했습니다.

프놈펜 시내에 카페를 열어 수익을 창출하여 센터 운영 비용을 지원하는 것이 목표였습니다.

그들은 창세기 32장 12절 말씀에서 영감을 받아 'Beach-C'라는 카페를 열었습니다.

친구들이 세운 'Beach-C'는 창세기 32장 12절의 말씀에서 영감을 받았다고 합니다.

> "주께서 말씀하시기를 내가 반드시 네게 은혜를 베풀어 네 씨로 바다의 셀 수 없는 모래와 같이 많게 하리라 하셨나이다" (창 32:12)

이 말씀처럼 캄보디아에도 바다의 모래처럼 셀 수 없이 많은 사람들이 예수님을 믿게 되길 기도하는 마음을 담아 이름을 지은 것이었습니다.

하지만 사업은 쉽지 않은 길이었습니다. 카페 운영은 한국에서 귀국한 한 친구가 맡아 진행하였지만, 기대한 만큼의 수익은 나지 않았고 이우교회 단기선교팀에서 비즈니스를 돕기 위해 한국 핫도그를 만드는 레시피를 준비해 직접 시범을 보이고. 장사도 도왔지만 단기선교팀이 떠나고 친구 혼자 운영을 이어가기에는 여러모로 어려움이 많았던 것 같습니다.

결국, 코로나19가 유행하면서 카페를 더 이상 유지할 수 없어 아쉽게도 문을 닫게 되었습니다. 그러나 우리 눈에는 보이지 않지만 그들의 헌신과 도전은 하나님의 뜻 속에서 더욱 큰 사역으로 이어지고 있으리라 믿습니다.

이 땅에 떨어진 한 알의 밀알, 그 땅에 싹틔운 복음

어떤 분은 이렇게 생각할 겁니다. "우리나라에서 전도 하는 것이 무슨 선교냐?"

그러나 우리는 분명히 말합니다.

"이 땅에 온 이주민에게 전도하는 것, 이것도 바로 선교입니다."

왜냐하면 하나님께서 올프렌즈를 통해 실제로 어떻게 역사하시는지를 우리에게 분명히 보여주셨기 때문입니다.

우리는 예수에 대해 들어보지도 못한 이주민들이 이 땅에서 와서 예수님을 믿는 모습을 보았고, 그 친구들이 자기 고국에 교회를 세우는 모습을 보았고, 그 교회에서 현지인들이 모여 예배드리는 모습을 보았습니다. 또 그 교회에서 예배드린 청년이 대학에 다니는 중에도, 심지어 졸업한 후에도 주일마다 그 교회에 돌아가 후배들에게 예수를 전하며 예배를 인도하는 모습을 보았습니다.

그리고 우리는 언젠가는 그 교회에 뜨러바엑 마을 사람들이 다 함께 모여 예배드리는 모습을 보게 될 것입니다.

한국에서 전한 복음이 한 알의 밀알이 되어 캄보디아의 작은 마을을 천천히 그러나 확실하게 변화시키고 있습니다. 이 변화는 상상이 아니라 지금 실제로 일어나고 있는 일입니다. 그렇기에 우리는 이 땅에서 이주민에게 복음을 전하는 것도 선교라고 확실히 말할 수 있습니다.

하기야 전도면 어떻고, 선교면 어떻습니까, 예수님이 우리에게 주신 사명이 예수님의 증인이 되는 것인데…

다만 우리가 이주민 사역을 통해 깨달은 것은, 하나님께서 하시는 일은 언제나 우리의 생각을 뛰어넘는다는 것입니다. 그리고 그 일을 통해 놀라운 체험을 하게 하신다는 사실입니다.

한국에서 전한 복음이 캄보디아의 작은 마을을 천천히, 그러나 확실하게 변화시키고 있습니다.

이 변화는 단순한 이상이 아니라, 지금 현실 속에서 일어나고 있는 하나님의 역사입니다.

하나님께서는 우리의 생각을 뛰어넘는 방법으로 일하시며, 그의 뜻을 이루어 가고 계십니다.

캄보디아의 작은 마을에서 시작된 작은 움직임이 결국 세상을 변화시켜 가고 있습니다.

그리고 우리는 그 여정을 함께 걸어가며 하나님의 역사 속에 참여하고 있습니다.

한 생명
그리고 그 곁을 지킨 사람

캄보디아는 모계 중심의 문화가 깊이 뿌리내린 나라입니다. 가족의 중심에는 대개 어머니가 있고, 이혼율이 높은 사회 구조 속에서 '아버지가 다른 형제들'이 한 어머니 아래 함께 자라는 모습은 결코 낯설지 않습니다. 남성과 여성 모두 이혼을 반복하는 경우도 흔하며, 결국 가정의 울타리는 어머니 홀로 지켜내는 경우가 많습니다.

그래서일까요. 캄보디아 여성들은 생명을 품고 길러내는 데 있어 스스로 책임지고 감당하는 데 익숙합니다. 그들은 자신의 삶을 넘어, 또 다른 생명을 지켜내는 데 망설임이 없습니다.

'쓰레이야'(가명) 자매도 그런 여성 중 한 사람이었습니다.

더 나은 삶을 꿈꾸며 한국으로 온 이주노동자인 그녀는, 경기도의 한 농장에서 야채를 키우며 묵묵히 하루하루를 살아가던 성실한 자매였습니다. 올프렌즈 예배에는 두어 달에 한 번 정도 참석하였고, 우리가 심방을 가면 말없이 조용한 미소를 머금었습니다.

그러던 중 코로나19 팬데믹이 시작되었습니다. 팬데믹으로 인해 많은 친구들과 연락이 단절되기 시작했습니다. 한국에 거주하는 캄보디아 친구들은 카카오톡보다는 페이스북 메신저를 주로 사용하고, 페이스북 계정도 수시로 바꾸면서 메신저를 사용했습니다. 그런 상황에서 친구들과 연락이 한번 끊기면 다시 연결하는 것이 어려웠습니다.

심방도, 예배 참석도 어려워졌고, 팬데믹이 끝나고 다시 예배를 재개했을 때는 이미 많은 친구들이 말도 없이 귀국한 후였습니다. 그렇게 안타까움 속에서 이름 하나하나를 기억하며 예배를 드리던 어느 날, 우리 마음 속에 자연스럽게 '귀국했겠지' 하고 여겨졌던 한 이름이 다시 찾아왔습니다. 바로 쓰레이야였습니다.

그러던 어느 날, 그녀가 아이를 안고 올프렌즈 문을 두드렸습니다.

눈빛이 아주 절박했습니다. 그녀는 한국인 50대 남성과 우연히 만나 임신을 하게 되었고, 남성은 결혼도, 출산도 불가능하다며 아이를 지우라고 강하게 요구했다고 합니다. 심지어 병원까지 함께 가서 낙태를 강요했다고 합니다.

하지만 그녀는 홀로 아이를 지키기로 결심했습니다. 주변의 어떤 지지도 없이 어렵게 아이를 출산했지만, 또 다른 큰 벽이 그녀 앞을 가로막고 있었습니다. 출생신고가 문제였습니다. 출생신고는 법적으로 아버지의 협조가 필요했기 때문에, 한국어가 서툰 그녀는 우리에게 "아기 아버지를 만나서 출생신고를 할 수 있게 도와달라"며 찾아온 것이었습니다.

문제는, 아기 아버지가 아이를 법적으로 인정하지 않고 있다는 것이었습니다. 그래서 아이는 호적에도 오르지 못했고, 한국 국적도, 캄보디아 국적도 없는 '존재하지만 존재하지 않는 아이'가 되어 있었습니다. 물론 엄마 국적인 캄보디아로 등록할 수도 있었지만, 그녀는 아이가 태어난 이 땅, 한국에서 한국인으로 살아갈 수 있기를 바라고 있었습니다. 그것은 어머니라면 누구나 품을 수밖에 없는, 자식을 향한 사랑에서 비롯된 당연한 소망이라고 생각합니다.

그래서 그녀는 간절한 마음으로 이렇게 말했습니다.

"아이를 키우는 건 제가 할게요. 다만…, 아버지 호적에 올릴 수 있게 도와주세요."

어렵게 아기 아버지와 연결되어 직접 만나 이야기를 나누었지만, 돌아온 대답은 너무도 냉정했습니다.

"나는 빚만 가득한 마이너스 인생이다. 비록 같이 살고 있지는 않지만, 호적상으로 아내도 있다." 심지어 "이 여자가 멍청해서 애를 낳았다,"며 책임을 회피했고, "나에게 아기를 책임지라고 한다면 애를 위탁기관에 보내겠다,"고 말하기까지 했습니다.

우리는 아기 얼굴을 한 번 보고 눈을 맞춰주기를, 한번 안아주기를 부탁했지만 그것마저 거절당했습니다.

아기 아빠에게 설득과 호소를 거듭한 결과, 아기를 키우는 것은 엄마가 다 알아서 하는 조건으로 겨우 아기를 호적에 올리는 것을 허락받았습니다.

한국어가 능숙하지 않은 쓰레이야 자매는 우리뿐만 아니라 여러 기관을 찾아다니며 도움을 요청했었던 터라 아기 아버지가 호적 등록에 동의하면서, 행정 절차는 다른 기관의 담당자와 가 국적 문제를 중심으로 진행하기로 논의했습니다.

우리는 그녀가 아이와 함께 안정적으로 살아갈 수 있도록 현실적인 생활 지원에 집중하였습니다. 임신 이후 농장에서 일을 그만두게 되면서 기숙사도 떠나야 했고, 모아둔 돈은 보증금과 생계비로 대부분 소진된 상황이었습니다. 남은 돈으로는 기저귀값과 우유값도 감당하기 어려웠습니다. 그래서 이랜드복지재단의 SOS 위고와 연계해 실질심사 과정을 거친 후, 6개월간의 월세와 3개월간의 생활비 지원을 받을 수 있도록 도왔습니다. 이것은 단순한 금전적 지원이 아니라, 그녀가 다시 일어설 수 있는 주님의 위로의 손길이 되었습니다.

모든 것이 잘 정리되어 가는 듯했지만, 또 하나의 문제가 발생했습니다.

아기가 아버지의 자녀로 호적에는 올랐지만, 국적이 '캄보디아'로 기재되어 있었던 것입니다. 이 상태로는 국가로부터 양육 지원은 물론, 어린이집을 다니려고 해도 매달 50만 원이 넘는 비용을 자비로 부담해야 했습니다. 다른 기관의 도움으로 몇 개월의 과정을 통해 마침내 아이는 대한민국 국적을 취득하게 되었습니다.

비록 현재는 24개월 된 아이가 '단독 세대주'로 등록되어 있는 아이러니한 상황이지만, 존재하지 않았던 아이가 존재를 회복한 순간이었습니다.

쓰레이야 자매는 오늘도 아이와 함께 살아가기 위해, 성실하게 일하고 있습니다. 여전히 세상은 그녀에게 차갑고 냉정할지 모르지만, 우리는 믿습니다. 그녀가 지켜낸 그 작은 생명 위에, 그리고 그 생명을 껴안고 살아가는 어머니의 앞길 위에, 주님의 위로와 평안이 함께하고 있음을.

그리고 그 길 곁을 함께 걸었던 우리 올프렌즈의 사역이,

그녀에게는 다시 일어설 용기와 힘이 되었음을 믿습니다.

말뿐이 아닌, 삶으로 전하는 복음.

한 생명을 끝까지 지켜내는 이 사역 속에서, 우리는 주님의 사랑을 다시 한번 배우게 됩니다.

우리의 바람과 다른
하나님의 길

　'시뎃'과 '보파'라는 친구가 있습니다. 둘 다 한국에 이주근로자로 와서 열심히 일하면서 올프렌즈에 나와 예수님을 믿은 친구들입니다. 시뎃은 토요일이면 센터에 나와 친구들에게 전화를 걸어 센터에 나오라고 격려하였고, 예배 시간에 찬양을 인도하고 리더의 역할을 착실히 감당하면서 열심히 다른 친구들을 섬겼습니다. 올프렌즈에서 신앙고백을 하고 세례를 받고 집사 직분까지 받았습니다.반면에 보파는 농장에서 일하던 조용한 친구로 토요일에 예배만 참석하였습니다. 우리가 볼 때 보파는 믿음 공동체보다 생활 공동체로 센터에 나오는 것으로 보였습니다. 아마도 성격이 활달하기보다는 조용한 성격이었기에 그렇게 생각한 것 같았습니다.

시넷이 보파와 사귄다고 할 때 처음에는 우려가 되었습니다. 보파의 믿음이 연약해 보였기 때문에 걱정이 되었습니다. 하지만 시넷은 보파의 믿음이 괜찮다고 우리에게 어필하였습니다. 어찌 됐든 우리가 시넷의 인생을 강제로 어찌할 수 없기에 믿음 안에서 교제하는 것을 응원해 주었습니다. 두 친구는 고국의 부모님께 사귄다고 허락받고 결혼하기로 하였습니다.

감사하게도 두 친구는 신앙 안에서 결혼하기를 원하고 센터에서 목사님 주례로 결혼하기를 원했습니다. 그래서 센터에서는 특별히 해마다 진행하는 추석수련회에 맞춰 결혼식을 하기로 하였습니다. 2017년 추석수련회에 가서 모든 친구들이 축하하는 가운데 결혼식을 올렸습니다. 올프렌즈가 설립된 이후 최초로 센터 안에서 결혼한 부부가 탄생하였습니다.

시간이 지나 보파는 기간을 다 마치고 캄보디아로 귀국했고, 시넷은 성실근로자로 인정받아 2차로 한국에서 계속 일하게 되었습니다. 시넷은 한국에서 있으면서도 나중에 고국에 돌아가서 어떻게 살아가야 할지를 계획하고 여러 선생님들의 도움으로 캄보디아에서 사업화할 수 있는 것을 끊임없이 고민하였습니다. 닭고기 공장을 견학하여 닭고기 유통 사업을 고민하기도 하였고, 여러 가지 사업에 대해 캄보디아 현지에 적용 가능한 사업에 대해 끊임없이 고민하고 준비하려고 하였습니다.

또한 학업을 계속하고자 하는 마음도 가지고 있었습니다. 자신이 목회사역을 하는 것은 은사가 아니라는 생각에 신학을 공부하는 것은 어렵지만 기독교육학을 공부하여 캄보디아에 있는 2세대들에게 바른 기독 신앙을 바탕으로 교육을 시키고자 하는 마음도 가지고 있었기에 사업과 학업 사이에서 고민하고 있었습니다. 그사이에 딸 '레베카'도 태어났고 캄보디아에 돌아간 보파 자매는 화장품 가게를 오픈하여 생활하였습니다.

시넷이 캄보디아에 돌아갈 때가 되어 우리는 시넷에게 한국에 돌아와서 학업을 계속하기를 권하였고, 한국으로 유학 온다면 장학금을 지원하겠다고 하였습니다.

우리 입장에서는 시넷이 캄보디아 공동체 리더로 계속 세워지기를 바라는 마음에서 유학을 권면하였습니다. 시넷도 한국에 유학 오는 것을 마음에 두고 캄보디아에 돌아가 한국어를 공부하여 유학을 오는 것으로 마음먹고 돌아갔습니다.

캄보디아로 돌아가서 한국어공부를 준비하는데 갑자기 코로나19가 발생되어 한국어 시험도 중단되고, 유학으로 입국하는 것도 어려워지게 되어 시간만 지나가는 게 아닌가 염려하고 있었는데, 마침 한국에 유학 왔을 때, 올프렌즈에서 사역하였던 캄보디아 라이프대학교 신학과 학과장인 임삼콜 교수가 어차피 한국에 가면 올프렌즈 리더로 서야 하는데 캄보디아에 있는 동안에 신학을 공부하다가 기회가 되면 한국에 들어가라는 권유로 신학과에 입학하게 되었습니다.

보파도 남편과 멀리 떨어져 지내는 것보다 가족이 함께 있는 것이 좋아서 함께 신학을 공부하기로 하였고, 학교 측의 배려로 학교 기숙사에서 가족이 함께 생활할 수 있도록 해 주었습니다

시넷이 한국에 들어오고자 하는 마음은 있었지만 코로나19로 한국에 오는 길이 막히게 된 과정도 하나님께서는 시넷 가정을 사역의 길로 이끄시기 위한 계획이었던 것 같습니다.

우리는 시넷 가족의 학업을 위한 장학금을 지급하는 등 부족하지만 공부에 전념할 수 있도록 지원했습니다. 믿음이 약해 보였던 보파도 열심히 공부하고, 믿음도 훨씬 커지는 것을 느낄 수 있었습니다. 보파는 주일이면 학교에서 세운 교회학교에서 전도사로 봉사하고 2022년에 학교를 수료한 후에 2023년부터 라이프국제학교에서 교사로 취업하였고, 주말에는 교회사역을 하는 기쁨을 누릴 수 있었습니다.

2024년에 단기선교를 갔을 때 시넷 가정을 만나 이제는 한국에 들어올 준비를 하자고 이야기하였습니다. 2024년 학업을 마치자마자 시넷이 먼저 한국에 어학연수로 들어오고 신대원에 진학하면 보파와 딸 레베카도 한국에 들어오는 것으로 강권하였습니다. 시넷과 보파랑 이야기하는 도중에 보파가 자신도 모르게 눈물을 흘리는 것을 보았습니다.

아마도 여러 가지 마음이 교차하는 것 같았습니다. 현재의 삶에서 누리는 평안함과 사역을 따랐을 때의 고단함이 교차하는 것 같았습니다. 그래도 보파가 남편이 한국어 공부를 잘 할 수 있게 해달라는

기도 제목에서 한국에서의 사역을 준비하고 있다는 모습을 볼 수 있었습니다.

시넷은 졸업하고 캄보디아에서 한국어 점수를 획득한 후에 한국에 유학 오는 것으로 이야기하였지만 우리는 졸업하고 한국에 들어와서 어학연수를 통해 대학원을 진학하는 것으로 권했습니다. 왜냐하면 졸업 후에 캄보디아에 남아 있으면 현실에 부딪치는 여러 가지 일로 인해 한국어 공부도 어려워지고 한국에 유학 오고자 하는 마음도 느슨해질 것이기 때문입니다. 시넷은 졸업과 동시에 유학 올 수 있도록 모든 서류를 준비하는 것으로 결론을 내리고 한국으로 돌아왔습니다.

하지만 하나님이 이끄시는 방향은 이 길이 아닌 것 같습니다. 한국에서는 유학 올 수 있는 방법을 어렵게 찾아 준비했지만, 시넷의 한국어 성적이 기대에 미치지 못했습니다. 또 시넷이 학교에 다니면서 캄보디아 축구협회의 중직을 맡아 일을 했었는데 졸업 후에도 협회 일로 전국을 다니면서 축구대회를 이끌어 가고 있습니다.

아쉽지만 시넷을 한국에 데려와 캄보디아 공동체 리더로 세우고자 하는 우리의 바람은 쉽지 않을 것 같습니다. 그래도 우리는 여전히 어렵게 신학을 마친 시넷이 캄보디아의 축구 지도자보다 영적 리더로서 세워지길 기도합니다.

길 위의 만남, 믿음의 씨앗

세상에는 수없이 많은 길이 있습니다. 그 길 위에서 우리는 뜻밖의 만남을 통해 마음을 나누고, 사랑을 전할 귀한 기회를 얻습니다. 올프렌즈의 친구들을 향한 고향 방문은 단순한 여정이 아닙니다. 믿음과 희망의 씨앗을 심고, 가정을 변화시키는 하나님의 사역입니다. 우리는 이 길 위에서, 하나님께서 예비하신 순간 속으로 한 걸음 한 걸음 걸어갑니다.

올프렌즈는 해마다 친구들의 고향을 찾아갑니다. 가족을 만나 따뜻한 인사를 나누고, 마을 사람들과 웃으며 교제하며, 마을 어린이들을 초대해 복음을 전하고 선물을 나누어 주는 사역은 우리에게 아주 중요한 사역입니다. 이러한 만남 통해 우리 친구는 자신의 마을에서 더욱 자랑스럽고 의미 있는 존재가 됩니다.

캄보디아는 불교문화가 깊이 뿌리내린 나라입니다. 한국에서 예수님을 믿게 된 친구들이 본국으로 돌아갔을 때, 그 믿음을 가족들에게 인정받는 일은 절대 쉽지 않습니다. 때로는 그 믿음이 조용히 묻히거나, 가족들의 외면 속에 사라지기도 합니다. 그래서 우리는 친구의 믿음을 돕기 위해, 직접 그들의 고향을 찾아갑니다.

우리는 "당신의 자녀가 예수님을 믿습니다."라고 선포하며, 앞으로 그의 믿음을 존중해 주기를 요청하는 자리이기에 해마다 이 사역을 꾸준히 이어가고 있습니다. 이 선포의 과정은 단순히 신앙을 나누는 것이 아니라, 우리 친구가 가족과 마을 공동체 속에서 신앙을 인정받을 수 있도록 돕는 중요한 순간이 됩니다.

불교를 믿는 가정 안으로 들어가 예수님을 전하며 복음 잔치를 여는 것은 마치 절 안에서 "예수님을 믿으세요"라고 외치는 것과 같습니다. 또 이러한 선포를 통해 친구의 가정이 예수님 앞으로 나아가는 시간이 되기를 소망하고 있습니다.

코로나19 팬데믹이 지속된 2년 동안 올프렌즈는 친구들의 고향을 방문할 수 없었습니다. 하지만 코로나19가 끝나면서 다시 이 사역을 이어갈 수 있었고, 그 과정에서 꾸준히 센터에 출석하는 '초앙'이라는 친구와의 특별한 만남이 이루어졌습니다.

초앙은 올프렌즈 친구인 쏙포우가 길거리에서 만나 올프렌즈를 소개하며 나오게 된 친구입니다. 2021년 여름부터 토요일과 주일 예배에 빠짐없이 참석하며 한국어 공부도 열심히 해온 초앙은 예수님을 처음 알게 된 친구였고, 점차 예수님에 대한 관심을 갖기 시작한 친구입니다.

우리는 초앙에게 그의 캄보디아의 고향집을 방문하여, 마을 어린이들을 초대해 그의 집에서 복음을 전하고 싶다고 제안했습니다. 놀랍게도 초앙은 주저하지 않고 흔쾌히 허락해 주었습니다. 아직은 믿음이 없는 친구이기에 망설일 것으로 생각했는데, 기쁘게 받아들이는 모습을 보며 감사한 마음이 들었습니다. 초앙은 자기 마을에 외국인이 한 번도 방문한 적이 없다며 우리가 첫 방문자라는 사실을 자랑스럽게 이야기했습니다.

초앙의 고향 집을 방문하면서 부모님이 부담을 가질까 봐, 우리는 "우리가 먹을 점심 식사는 도시락을 준비해 갈 테니까, 우리의 식사는 준비하지 말라"고 당부했습니다. 하지만 초앙의 부모님은 맛있는 식사를 준비하고 우리를 따뜻하게 맞아주었습니다. 부모님은 초앙이 "목사님이 자기와 친구들을 집으로 초대해 맛있는 음식을 해 주셨으니, 꼭 맛있는 것으로 식사를 준비해 대접해 주라."라고 부탁했다고 합니다. 우리의 작은 섬김이 친구의 마음에 새겨지고, 기쁨이 되고, 자랑이 되었나 봅니다. 함께 밥을 먹고, 시간을 나누는 것이 예수님의 사역이라는 생각이 다시 기억나게 하는 순간이었습니다.

원래는 초앙의 집에 어린이들 30명이 온다고 했었는데 시간이 되니 70여 명의 아이들이 모였습니다. 이들에게 찬양을 가르치고 함께

율동하며 하나님께 찬양을 올려드리고 색깔 복음 전도를 나누는 귀한 시간을 가졌습니다.

짧은 만남만으로 모든 사람이 즉시 변화되지는 않을 것입니다. 하지만 그 자리에는 하나님께서 계획하신 누군가가 있었을 것이고, 그들에게 열린 귀와 믿음이 자라는 순간이 되었으리라 믿습니다. 초앙과 그의 마을에서 시작된 이 작은 움직임이 앞으로도 하나님께서 인도하시는 귀한 발걸음이 되길 바랍니다.

초앙은 4명의 친구들과 같이 기숙사 생활하고 있습니다. 기숙사 문갑 위에는 작은 신당이 놓여있습니다. 초앙의 것은 아니지만 함께 거주하는 친구들이 마음을 모아 만들어 놓은 것 같습니다. 사실 캄보디아에서는 대부분의 집 문 앞에 작은 신당이 있는 것이 일반적입니다.

초앙은 여전히 하나님을 믿는 믿음이 성장해 가는 것 같지는 않습니다. 그냥 올프렌즈 목사님과 선생님, 친구들이 좋아서 예배에 나오는 것 같습니다. 우리는 초앙의 믿음이 자라고 담대해져서 우상을 물리치고 복음을 전하는 사람이 되길 기도합니다. 또 그러한 변화가 그가 캄보디아로 귀환하기 전에 이루어지길 기도합니다. 이주노동자라는 한계가 있어 비자 기간이 만료되면 본국으로 돌아가기에 가기 전에 믿음을 세워지길 기도합니다. 하나님께서 초앙이 캄보디아로 돌아가기 전에 대한 믿음을 허락하셔서, 우상을 물리치고 복음을 전하는 사람이 되기를 간절히 기도합니다.

올프렌즈는 이주민이라는 한계 속에서도 끝까지 함께하며 친구들의 믿음이 굳건히 세워지도록 돕고 있습니다.

주님, 우리의 작은 섬김과 방문이 단순한 만남이 아닌, 당신께서 예비하신 복음의 순간이 되게 하소서. 초앙이 더욱 담대한 믿음으로 성장하여 주님의 사랑을 증거하는 사람이 되도록 인도하소서. 그가 캄보디아로 돌아갈 때, 복음의 빛을 들고 가정을 변화시키는 도구로 쓰임 받게 하소서.

하나님께서 이 모든 일을 주관하시며, 주님의 영광이 이 사역을 통해 드러나기를 기도합니다.

우리 고향에도
올프렌즈 센터를 세우고 싶어요

우리는 해마다 한 차례, 캄보디아를 방문합니다. 깜뽕짬에 위치한 올프렌즈센터를 찾아 예배를 드리고, 한국에서 함께 지냈던 친구들을 다시 만나는 '홈커밍데이(Home Coming Day)'도 가집니다. 또한 한국에서 올프렌즈를 통해 믿음을 갖게 된 친구들 가운데 한두 명을 선택하여, 그들의 고향 집을 직접 찾아가기도 합니다.

2023년, 팬데믹 이후 다시 캄보디아를 찾았을 때 우리의 목적은 분명했습니다. 흩어져 지내며 신앙이 약해진 친구들에게 다시 믿음을 회복할 수 있는 계기를 주고 싶었던 것입니다. 우리는 캄보디아 전역에 흩어져 있던 친구들을 프놈펜에 모아 버스를 대절하고,

시아누크빌에 있는 선교관에서 1박 2일 간의 캠프를 열었습니다.

감사한 일은, 한국에서는 혼자였던 친구들이 캄보디아에서는 가족과 함께 모여 예배를 드릴 수 있었다는 것입니다. 예상대로 많은 친구들이 현지 교회에 출석하지 못하고 있었지만, 이 캠프를 통해 다시금 예배의 자리로 나아가기로 결단하는 계기가 되었습니다.

그때 만난 이들 중에 '짜리야'와 '라짜나' 자매가 있었습니다. 짜리야의 남편 '씨니은'도 한국에서 이주근로자로 일하면서 예수님을 처음 알게 된 가족입니다. 이 가족은 매주 토요일 저녁 6시, 농장 일을 마친 후에도 교회에 가고 싶다고 하여, 우리가 픽업하여 함께 예배드리곤 했습니다.

그들은 한국에서의 일을 마무리한 후, 고향에 돌아가 건축자재업을 하겠다는 뚜렷한 목표를 가지고 부지런히 일했고, 귀국한 뒤에는 집 근처 교회에 출석하며 신앙생활을 이어갔습니다. 하지만 코로나19 이후로는 교회에 나가지 못하고 있다는 소식을 나누었고, 우리는 다음 방문 때 그들의 집을 찾아가기로 약속했습니다.

2024년 3월, 할렐루야교회의 DTS(제자훈련학교) 수료생들이 단기선교로 캄보디아를 방문하였고, 깜뽕짬 올프렌즈센터와 '짜리야' 자매가 사는 마을에서 어린이들을 위한 성경학교를 열었습니다. 그 사역을 통해 "이 마을에도 올프렌즈센터가 세워졌으면 좋겠다"는 기도가 작게나마 시작되었습니다.

7월, 우리가 다시 단기선교로 캄보디아를 방문하게 되었을 때 '짜리야' 가족을 찾아가기로 했습니다. 무엇보다도 그 가정의 신앙이 회복되어 다시 예배의 자리에 설 수 있도록 돕기 위한 방문이었습니다. 그들의 집은 프놈펜에서 약 2시간 거리인 깜뽕츠낭 주에 자리 잡고 있었습니다.

도착해 보니, 그 가족은 한국에서 계획했던 대로 도로 인접한 곳에 큰 건축자재 가게를 열었고, 그 사업이 잘되어 잡화상회도 함께 운영하고 있었습니다. 가게 안에서 이런저런 지난 이야기를 나누며, 다시 교회에 나가기를 권유했는데, 놀랍게도 이미 한 달 전부터 교회에 출석하고 있다고 말해주었습니다. 우리 마음은 감사함이 넘쳤습니다.

그때, 자매는 잠시 머뭇거리더니 뜻밖의 말을 꺼냈습니다.

"저... 우리 땅에도 올프렌즈센터를 세우고 싶어요."

자기 땅을 제공할 수 있고 건축 자재도 일부 기증하고 싶다고 이야기했습니다.

그 마을의 초등학생들 중에는 학교를 다녀도 크메르어(캄보디아어)를 제대로 읽고 쓰지 못하는 아이들이 많아, 방과후 수업처럼 그들을 가르치고 싶다는 바람도 나누어 주었습니다. 하지만 운영은 스스로 감당하기 어렵다며, 우리에게 그 마음을 이야기하는 것이었습니다.

전혀 기대하지 않았던 이 제안에 우리는 깊은 감동을 받았습니다. 하나님께서 미리 준비해 주신 은혜의 현장을 눈으로 확인하는 순간이었습니다.

센터를 위해 기도하고 차근차근 준비하자는 이야기를 마치고 돌아서려는 순간, 자매가 물었습니다.

"어디에 세우려는지 궁금하지 않으세요?"

우리는 당연히 먼 곳일 거로 생각했지만, 불과 차로 1분 거리에 위치한 도로 옆에 넓고 좋은 땅을 보여주었습니다.

그 순간, 마음 한편에는 감사와 기쁨이 밀려옴과 동시에 이런 생각도 들었습니다.

'우리 친구들은 왜 이런 마음을 품게 되었을까?'

'아마도 하나님께서 우리에게 위로를 주시고 싶으신가 보다.'라는 생각을 했습니다. 우리는 한국에서 사역하며 늘 같은 마음을 품고 있습니다.

"우리 친구들이 한국에 있는 동안, 예수님이 누구신지를 알게 되길…"

그 중에 몇 명이라도 예수님을 믿게 된다면 감사한 일이지만, 그렇지 않더라도 예수님을 아는 씨앗이 마음에 심긴다면 언젠가 하나님께서 믿음을 주시리라는 소망으로 일하고 있습니다.

때로는 아무도 예배에 참석하지 않을 때도 있었고, 믿음이 깊어 보였던 친구들이 귀국 후 신앙을 잃는 모습을 보며 안타까웠던 적도 많았습니다. 하지만 이번 만남을 통해, 하나님께서 우리의 수고를 사용하셨음을, 그리고 우리가 알지 못했던 곳에서 이미 열매 맺고 있음을 보여주신 것 같았습니다.

"너는 내게 부르짖으라 내가 네게 응답하겠고 네가 알지
못하는 크고 은밀한 일을 네게 보이리라" (렘 33:3)

돌아오는 길, 마음속에는 형언할 수 없는 벅찬 감정이 밀려왔습니다. 거룩한 부담감과 함께, 하나님께서 또 다른 시작을 허락하신 것 같은 감사와 감동이 가슴을 가득 채웠습니다.

언젠가는 주님이 그곳에 예배하고, 긍휼한 자를 도울 수 있는 센터를 세우실 계획을 세우고 계시리라 믿습니다.

I(Independent)
비자 이야기

하나님의 사랑과 구원의 길을 전하며, 비자와 함께

한국은 다양한 목적과 상황에 따라 여러 종류의 출입국 비자 제도를 운영하고 있습니다. 이주민들은 각자의 삶의 이유와 배경을 가지고 한국에 입국하며, 그에 맞는 비자를 발급받아 체류하게 됩니다. 그러나 체류 기간이 길어지고 생활 여건이 변화하면서 비자 갱신이나 변경이 원활히 이루어지지 못해 예상치 못한 어려움을 겪는 경우도 많습니다.

올프렌즈는 그러한 다양한 사연을 가진 이주민들을 만나고, 그들의 이야기에 귀 기울이며 함께 기도하고 섬기는 사역을 감당하고 있습니다.

이주민들이 사용하는 비자는 활동의 성격에 따라 매우 다양합니다. 예를 들어, E-9 비자는 농업, 건설업, 제조업 등 비전문 취업 분야에 종사하는 외국인들에게 발급되며, E-7 비자는 특정 기술이나 전문 지식을 가진 외국인들이 취업할 수 있도록 허용됩니다. F-6 비자는 한국인과 결혼한 외국인을 위한 결혼 이민 비자이고, F-3은 주로 가족이 함께 거주할 수 있도록 허용하는 동반 비자입니다. F-2는 거주 비자로, 장기체류가 가능한 자격이며, D-2는 유학생들을 위한 비자로, 외국인 학생들이 한국에서 학업을 이어갈 수 있도록 돕습니다.

이처럼 다양한 비자 제도는 외국인들이 한국 사회에 다양한 방식으로 기여할 수 있는 통로가 됩니다. 그러나 현실에서는 비자의 만료, 해고, 질병, 사고 등 여러 변수로 인해 비자 조건을 충족하지 못하거나 체류 자격이 중단되는 상황이 발생하곤 합니다. 이러한 상황 속에서 이주민들은 갑작스럽게 불법 체류 상태로 전락하게 되는 경우가 많습니다.

비자 없이 한국에 머물고 있는 불법 체류자들 중 일부는 스스로를 'I 비자' 소지자라고 표현합니다. 이는 정부가 공식적으로 발급한 비자가 아닌, 불법 체류 상태를 자기 위로의 방식으로 표현한 상징적 용어입니다.

'I'는 'Independent(독립적인)'의 약자로, 마치 자신이 스스로 체류를 허락한 것처럼 여기는 셀프 허가의 의미를 담고 있습니다. H 비자 다음 순서라는 알파벳적인 유희도 포함되어 있습니다. '불법 체류자'가 제도 밖에 있지만 존중받고 싶은 마음이 담긴 표현입니다.

불법 체류자가 되는 과정은 결코 단순하거나 동일하지 않습니다. 어떤 이들은 고용 계약 종료 후 정해진 기한 내에 새로운 직장을 구하지 못해 체류 자격을 잃기도 하고, 이직 과정에서 행정 절차를 놓쳐 자격을 상실하기도 합니다.

또 어떤 이들은 예기치 못한 질병이나 사고로 일을 계속하지 못하게 되면서 해고되고, 치료를 위해 체류를 연장하지만 합법적인 체류 연장 승인을 받지 못해 불법 체류자로 남게 됩니다. 그 외에도 고용주와의 갈등, 부당한 해고, 언어 장벽으로 인한 행정적 실수 등 여러 요소가 복합적으로 작용합니다.

일부는 한국에 입국하기 전부터 이미 장기체류를 계획하며 단기 관광 비자나 어학연수 비자로 입국한 후, 잠적하거나 정식 취업 경로 없이 일자리를 구해 체류를 지속합니다. 이러한 경우, 불법이라는 사실을 인지하면서도 생계를 위해 선택을 할 수밖에 없는 안타까운 현실이 존재합니다.

올프렌즈가 동행하는 이주민들 가운데는 이러한 다양한 상황에 부닥친 친구들이 함께하고 있습니다. 우리는 그들의 사정에 귀를 기울이고, 법적인 어려움 속에서도 하나님의 사랑을 전하는 사명을 붙들고 있습니다. 우리는 때때로 "신앙 공동체가 불법 체류자와 함께하는 것이 과연 옳은가요?"라는 질문을 받습니다. 이는 단순한 비판이 아니라, 올바른 방향에 대한 진지한 고민의 표현이라 생각하며, 우리는 그 물음에 책임 있게 답하고자 합니다.

올프렌즈는 정부의 법과 제도를 존중합니다. 가능한 경우 이주민들이 자발적으로 고국으로 귀환할 수 있도록 격려하고, 합법적인 절차 안에서 문제를 해결할 수 있도록 안내합니다. 그러나 동시에 우리는 그들의 존재가 단지 법적인 지위로만 정의되지 않는다는 사실을 기억합니다. 불법 체류자라 해도, 그들 역시 하나님의 형상대로 지음 받은 소중한 생명이자 구원의 대상이라는 믿음을 가지고 있습니다.

우리는 불법을 정당화하지 않으며, 또한 그것을 묵인하거나 장려하지도 않습니다. 그러나 주님의 눈으로 그들을 바라보았을 때, 우리의 사역은 그들을 외면하거나 배제하는 것이 아니라, 복음의 통로로 삼아 사랑으로 품는 것입니다. 하나님께서 우리에게 그들과의 만남을 허락하신 이유는 단지 동정이나 베풂이 아니라, 함께 믿음의 여정을 걸어가라는 부르심이라 믿습니다.

이 사역을 하면서 우리는 그들의 눈물과 고통을 함께 나누고, 때로는 법적인 문제에 대한 조언이나 긴급한 생계 지원, 의료적 도움까지 다양한 방식으로 동행합니다. 특히, 불안정한 체류 신분으로 인해 병원조차 가기 어려운 친구들이 많아, 우리는 정기적인 무료 진료를 통해 그들이 건강을 지킬 수 있도록 돕고 있습니다. 이 모든 사역의 중심에는 단 하나, 예수 그리스도의 사랑이 있습니다.

그들은 통계 속 숫자가 아닌, 하나님의 마음에 새겨진 생명입니다. 그들이 어디에서 왔든, 어떤 신분이든, 우리는 하나님의 자녀로서 그들을 사랑하고 섬깁니다. 우리는 그들과 함께 웃고, 울고, 기도하며 복음을 전하는 공동체로서 계속 그 길을 걸어가고자 합니다. 이 사역은 절대 쉽지 않지만, 하나님께서 우리에게 맡기신 귀한 부르심임을 믿기에 멈추지 않고 나아갑니다.

우리는 계속해서 묻고 있습니다.

"우리가 지금 곁에 있는 이 한 사람을 외면하지 않고 사랑할 수 있다면, 주님께서 기뻐하시지 않을까?"

이 질문에 대한 대답으로 오늘도 우리는 이 땅에서 하나님 나라를 체험하고 있습니다.

하나님을 의지하는 단순한 믿음: '깐야'의 이야기

믿음이 깊은 '깐야'(가명)라는 친구가 있었습니다. 그는 매일의 삶을 기도로 시작하고 마무리하며, 하나님과의 관계 속에서 힘을 얻는 친구입니다. 깐야에게 기도는 단순한 종교적 행위가 아닌, 살아가는 이유이자 중심이었습니다. 그는 자신이 불법 체류자라는 현실 속에서도 한 번도 단속에 걸리지 않고 한국에서 지낼 수 있었던 이유를 기도의 은혜라고 믿었습니다. 두려움이 짙게 드리운 현실 속에서도, 그는 기도로 하나님의 보호하심을 구하며 하루하루를 믿음으로 살아갔습니다.

깐야의 믿음은 그의 삶 속에 자연스럽게 묻어났습니다. 그는 예배를 거르지 않았고, 예배 후 귀가하는 차 안에서도 끊임없이 자신의 간증을 나누며, 믿음이 연약한 친구들에게 격려와 권면을 아끼지 않았습니다. 동남아시아 출신의 이주민들 중에는 종종 기복적인 신앙을 가진 경우가 많은데, 깐야 역시 처음에는 그런 모습이 있었습니다. 그래서 우리는 말씀을 통해 그가 더 깊은 신앙의 뿌리를 내릴 수 있도록 돕고자 했습니다.

어느 날, 깐야와 함께 길을 걷던 중, 길 건너편에서 경찰 제복을 입은 이들을 마주치게 되었습니다. 그 순간 깐야의 얼굴은 순식간에 창백해지고, 손엔 땀이 맺혔으며, 몸은 굳어버렸습니다. 그는 내 손을 덥석 붙잡고, 떨리는 목소리로 말했습니다.

"선생님..., 경찰, 있어요. 다른 길로 가요."

이 짧은 말 한마디 속에는 그의 두려움이 얼마나 깊고 절박한지 고스란히 묻어나 있었습니다. 그날 나는 불법 체류자의 삶이 단지 법적인 신분 문제에 머무는 것이 아니라, 날마다 긴장과 불안 속에서 살아가는 정서적인 고통의 연속이라는 사실을 실감하게 되었습니다.

그날 이후, 나는 깐야를 비롯한 많은 불법 체류 이주민들이 겪는 현실을 좀 더 깊이 이해하게 되었습니다. 그들에게는 단속이나 체포에 대한 물리적인 두려움뿐 아니라, '불법'이라는 사회적 낙인이

주는 정서적 고통이 더 큰 짐이었습니다. 깐야는 그 모든 것을 기도와 믿음으로 이겨내고자 했지만, 그 부담은 여전히 그의 마음과 몸을 짓누르고 있었습니다. 그에게 있어 기도는 단순한 습관이 아니라, 숨을 쉬는 방법이자 살아갈 수 있는 유일한 힘이었습니다.

그러던 어느 날, 깐야가 일하던 직장에 출입국 단속이 들어왔고, 그는 결국 체포되어 보호소에 수용된 후 본국으로 송환되었습니다. 보호소에 머무는 동안에도 그는 매일 콜렉트콜(수신자 부담 전화)로 연락을 해왔습니다. 전화 너머로 들려오는 그의 목소리는 때로는 눈물로 젖어 있었고, 때로는 실망과 원망으로 가득 차 있기도 했습니다. "하나님은 왜 이러시는 걸까요?"라는 탄식이 있었고, 이내 "그래도 하나님밖에 없습니다. 하나님만이 제 편이에요"라며 울며 기도하는 깐야의 목소리는 가슴 깊은 곳을 울렸습니다.

한국에서 그가 정당하게 받아야 할 임금에 대한 염려도 컸습니다. 깐야는 "혹시 한 푼도 못 받는 건 아닐까요?"라며 걱정했지만, 우리는 법적 절차를 밟아 끝내 그가 기대했던 것보다 더 많은 금액을 돌려받을 수 있도록 도왔습니다. 그 소식을 전했을 때, 깐야는 기쁨과 감격이 뒤섞인 목소리로 하나님께 감사하며, 원망이 감사로 바뀌는 순간을 함께 나눴습니다.

그와의 통화나 면회는 언어의 장벽 때문에 쉽지 않았지만, 깐야가 하나님 앞에 온전히 서기까지 필요한 시간이 분명 있었던 것 같습니다. 보호소에 머무는 50여 일 동안 그는 믿음의 자리를 다시금 회복하고, 하나님과의 관계 안에서 위로를 얻는 시간을 보냈습니다.

귀국 후, 캄보디아에서 다시 만난 깐야는 밝은 미소로 우리를 반겨주었습니다. 그는 딸과 함께 매주 교회에 나가 예배드리고 있으며, 이전보다 훨씬 더 평안한 마음으로 하나님께 감사하며 살아가고 있다고 고백했습니다. 그의 믿음은 여전히 단순했지만, 그 단순함 안에 하나님을 전적으로 신뢰하고 의지하는 깊은 신앙이 담겨 있음을 우리는 느낄 수 있었습니다.

깐야의 이야기는 단지 한 사람의 체류 신분 문제가 아니라, 하나님 앞에서 어떻게 살아가고 있는가에 대한 신앙의 이야기였습니다. 그는 불법 체류자라는 현실 속에서도 하나님을 붙들고 살아간 한 사람으로, 우리의 마음에 오래도록 기억될 친구입니다.

하나님의 인도하심 속에서

불법 체류자 문제를 해결한 기적의 이야기

하나님의 은혜와 인도하심, 끝까지 포기하지 않은 이야기

　캄보디아 정후식 선교사님으로부터 깜뽕짬 마을에서 자란 한 친구가 한국으로 일을 하러 왔다가, 어느 날 갑작스럽게 불법 체류 상태가 되었다는 소식을 전해 들었습니다. 긴급하게 도움을 요청한 내용이었고, 상황의 정확한 파악이 필요해 우리는 곧바로 친구의 사업주에게 전화를 걸었습니다.

　사업주는 두 친구가 1월부터 농장에서 일하기 시작했고, 농한기인 11월이 되자 일이 줄어들어 다른 곳으로 가라고 했다고 설명했습니다. 더불어 고용센터에 해고 처리를 했다고 덧붙였습니다.

문제는 친구들이 한국어에 능숙하지 않아 이러한 해고 사실을 정확히 이해하지 못했다는 점입니다. 그로 인해 해고 후 한 달 이내에 해야 할 고용센터 해직 신고와 구직 신청을 하지 못했고, 이로 인해 체류 자격이 사라져 불법 체류자가 되어버렸습니다. 절차상 해고되면 한 달 이내에 고용센터에 해직 신고를 하고 구직 신청을 해야 하는데 친구들은 그 절차를 진행하지 않아 신분이 불법 체류로 바뀌게 된 것이었습니다.

더 심각한 문제는 다음 해 3월에 일어났습니다. 사업주가 다시 이 친구들을 농장 일에 투입하려고 고용센터에 구인 신청을 하면서, 그들이 이미 불법 체류 상태라는 사실을 뒤늦게 알게 되었다는 것입니다.

사업주는 당시 그들이 돌아갈 곳이 없다고 해서 기숙사에 그대로 지낼 수 있도록 해주었고, 생활비가 없다고 하자 동네에서 아르바이트를 할 수 있도록 연결해 주었다고 말했습니다. 그리고 고용센터에는 실수로 해고 처리를 했다고 정정 신청을 할 계획이라고 했고, 친구들이 지금 올프렌즈 센터에 갔으니, 다시 농장으로 돌아가게 잘 설득해 달라고 부탁했습니다. 저는 사업주의 말이 따뜻하게 들렸고, 친구들을 위하는 마음에서 이런 조치를 해준 것에 대해 감사하다는 인사를 전하며, 친구들이 도착하면 농장으로 보내겠다고 약속했습니다.

그 후 친구들이 센터에 도착했고, 우리는 사업주의 말에 따라 농장으로 돌아가는 것이 좋겠다고 권유했습니다. 친구들도 이를 받아들였고, 저는 다시 사업주에게 연락하여 친구들이 농장으로 돌아갈 예정이라고 전했습니다. 그런데 그때, 사업주는 갑자기 퇴직보험금 이야기를 꺼내며 "이미 내가 퇴직금을 수령했기 때문에, 친구들이 신분을 회복하려면 1년 치 퇴직보험금을 친구들이 부담해야 한다"고 말했습니다. 그 말을 듣는 순간, 저는 당황하지 않을 수 없었습니다. 사업주가 책임지고 지급해야 할 퇴직금을 이미 본인이 수령해 사용해 놓고, 이제 그 책임을 친구들에게 전가한다는 것이 도무지 이해되지 않았습니다.

그래서 저는 친구들과 다시 만나 차분하게 상황을 정리하기 시작했습니다. 그동안 친구들이 사업주와 주고받았던 문자 메시지를 하나하나 확인해 보니, 이것이 단순히 언어 소통의 문제가 아니라는 생각이 들었습니다. 오히려 사업주가 농한기 동안 인건비를 줄이고 퇴직금을 지급하지 않기 위해 고의로 이 상황을 만든 것이 아닐까 하는 의심이 들기 시작했습니다.

이에 저는 농장이 있는 지역의 고용센터를 여러 차례 오가며 사건에 대한 이의제기를 하기로 결심했습니다. 고용센터에서 조사를 시작하자, 담당자는 만약 친구들이 해고 사실을 인지한 상태였다면 그 즉시 강제출국 조치가 이루어질 수도 있다고 말했습니다. 그 말을 듣는 순간, 저의 마음에 불안과 안타까움이 엄습해 왔고, 저는 조용히 눈을 감고 하나님께 간절히 기도할 수밖에 없었습니다.

사건이 깊어지고, 고용센터의 조사가 본격화되자 사업주는 이틀에 한 번씩 저에게 전화를 걸어 협박성 발언을 하기 시작했습니다. 그는 "당신이 뭔데 이 아이들을 도와주느냐?", "이 아이들을 절대 용서하지 않겠다"며, 반복적으로 위협적인 언사를 쏟아냈습니다. 저는 최대한 감정을 억누르고 정중하게 대응하려고 했지만, 매 통화가 끝날 때마다 깊은 낙망감과 감정적인 소진을 느끼지 않을 수 없었습니다. 영혼이 점점 메말라가는 듯한 기분이었고, 그와의 통화는 점점 저에게 심리적인 고통으로 다가왔습니다.

그 힘든 시간 속에서도 저희 곁에는 함께 기도하고 조언해 주는 든든한 동역자들이 있었습니다. 노무사로 활동하는 한 선교사님의 단단한 조언과, 함께 기도해 주신 믿음의 형제자매들의 격려는 정말 큰 위로와 힘이 되었습니다. 결국, 오랜 시간의 기도와 노력 끝에 친구들의 비자는 회복되었고, 그들은 다시 합법적인 체류 신분을 갖게 되었습니다.

지금은 그 친구들이 올프렌즈와는 먼 지역에서 일하고 있어서 자주 보지는 못하지만, 우리가 함께 손을 잡고 하나님께 기도하며 은혜를 구했던 그 순간들을 친구들이 기억하리라 생각합니다. 정서적으로나 영적으로 매우 힘든 시기였지만, 그 시간 속에서 우리가 확신하게 된 것은 단 하나입니다. 바로, 하나님은 그 고난의 시간 속에서도 우리를 결코 홀로 두지 않으셨다는 사실입니다. 그 믿음이 있었기에 우리는 버틸 수 있었고, 지금도 주님의 손을 의지하며 살아가고 있습니다.

그 친구들도 이 모든 과정을 통해 하나님이 주신 은혜와 돌보심을 기억하며, 앞으로의 삶 속에서도 주님과 동행하는 믿음의 걸음을 이어가길 간절히 기도합니다.

믿음으로 선택한 길: 하나님의 뜻을 따라 돌아온 가정과 그 여정

불법 체류 중 붙잡혀 2024년 12월 크리스마스 이브에, 강제 출국 조치를 받은 올프렌즈의 한 친구가 있었습니다. 이 친구는 매주 성실히 예배에 출석하는 편은 아니었지만, 아내와 아이들은 한 달에 두세 번, 본인은 석 달에 한 번꼴로 예배에 참석하던 친구였습니다. 이름은 뷔슬(가명). 2024년 10월, 그가 경찰서에 불법 체류자로 붙잡혀 출입국보호소에 수용되었다는 연락을 받았습니다. 그 순간, 제 마음은 무거워졌습니다. 단지 뷔슬 혼자만의 문제가 아니었기 때문입니다. 그의 곁에는 아내와 겨우 네 살과 두 살 밖에 안 된 어린 자녀들이 함께 있었기 때문입니다.

뷔슬의 아내가 센터를 찾아왔습니다. 눈물을 흘리며 남편이 풀려날 수 있도록 도와달라고 말하는 그녀의 모습은 참담하고 절절했습니다. 막막한 현실 앞에서 우리가 해야 할 일은 무엇보다 이 가정을 지켜주는 것이라는 생각이 들었습니다.

그래서 우리는 뷔슬이 잠시라도 보호소에서 풀려나 가족과 시간을 보내며, 한국에서의 삶을 마무리하고 정리할 수 있도록 일시 보호 해제를 신청하기로 했습니다.

그러나 돕는 과정 속에서 그들의 마음은 시시때때로 흔들렸고, 연약한 모습들이 드러나기도 했습니다. 일시 보호 해제가 되면 잠적할 수도 있다는 뉘앙스가 언뜻 보이기도 했습니다. 뷔슬의 아내는 "돈이 없어요. 그동안 번 건 다 캄보디아 가족에게 보냈어요. 지금 가진 게 하나도 없어요. 그래서 한국에 조금 더 남아서 돈을 벌고 싶어요"라고 울먹이며 말했습니다. 그녀의 서툰 한국어와 떨리는 목소리를 들으며, 저는 그들의 마음속 갈등이 얼마나 깊은지를 느꼈습니다.

그들은 한국을 떠나고 싶다고 말하다 가도, 잠적해서라도 남고 싶다고 하며 갈팡질팡하는 모습을 반복했습니다. 아이들이 아빠를 그리워하며 우는 영상을 핸드폰을 통해 보내 오고, 눈물로 인해 부은 얼굴로 나타나는 그녀를 볼 때마다 저도 어떤 말로도 위로가 안 된다는 것을 알기에 그저 마음만 무거웠습니다.

상담 중에 '잠적'이라는 선택이 언급되었을 때, 우리도 솔직히 마음이 흔들렸습니다. 그들의 상황과 고통이 너무나 절박해, 그 마음을 이해하고 싶어졌기 때문입니다. 그러나 하나님의 뜻을 따르는 길로 이끌어야 한다는 생각으로 곧 정신을 다잡았습니다.

"그렇게 하는 것은 하나님께서 기뻐하시지 않으실 거야."

우리는 부드럽지만, 단호한 마음으로 이렇게 말하며, 그 선택을 막아섰습니다. 그리고 함께 하나님의 뜻을 구하며 기도하자고 권했습니다.

하지만 내면에서는 끊임없이 갈등했습니다. 도와주고 싶은 마음과, 올바른 길을 가야 한다는 사명 의식 사이에서, 이들을 어떻게 권면해야 할지 몰라 무력감을 느끼는 순간도 많았습니다. 때로는 기도조차 나오지 않았고, 내가 할 수 있는 게 아무것도 없는 것 같아 참으로 답답하고 힘겨웠습니다.

그렇게 70일이 흐른 후, 뷔슬은 결국 자녀들과 함께 고국으로 돌아갔습니다. 그리고 그의 아내는 한국에 남아 일하며 가족을 위해 최선을 다하겠다고 결심했습니다. 앞으로 1년 동안 열심히 일한 후 남편과 아이들이 있는 고국으로 돌아가겠다는 그녀의 다짐은 참으로 귀하고 감사한 일이었습니다.

그녀가 가족과 떨어져 홀로 남은 후, 저는 그녀를 만날 때마다 그저 조용히 안아주는 것 외에 해줄 수 있는 게 없었습니다. 그러나 그 순간마다 하나님께서 그녀의 믿음을 굳건히 세워주시길, 하루하루의 삶 가운데 함께해 주시길 간절히 기도했습니다. 낯선 땅에서의 삶이 쉽지 않겠지만, 그 길 위에 주님이 함께하심을 믿고 의지하기를 바랐습니다.

우리는 그녀가 지금도 믿음 안에서 흔들리지 않고 서 있기를, 하나님의 뜻과 계획 속에서 성장해 가기를 기도합니다. 그녀의 삶에 필요한 힘과 인내를 하나님께서 부어 주시고, 그 믿음이 어떤 어려움 속에서도 지켜지기를 소망합니다. 저는 지금도 그녀가 걸어가는 그 길에 동행하는 기도의 사람으로, 그녀가 주님의 인도하심을 따라 살아갈 수 있도록 묵묵히 돕고자 합니다.

이 사례는 단지 한 가정의 이별과 귀국의 과정만을 담고 있는 것이 아닙니다. 믿음의 힘, 기도의 힘, 그리고 하나님의 뜻에 순종하는 결단이 한 가정과 그 주변 사람들의 삶을 어떻게 변화시킬 수 있는지를 보여준다고 생각합니다.

우리는 믿습니다. 하나님께서 뷔슬과 그녀에게, 그 가정에, 더 크고 놀라운 계획을 세우고 계심을. 그리고 그 계획 속에서 그녀가 믿음으로 살아갈 수 있도록, 우리는 기도와 사랑으로 그 곁에 있어야 한다는 사실을 말입니다.

사랑과 사명: 하나님께서 이끄시는 길

지금까지 상담 사례를 몇 가지 소개한 것이지만, 이 외에도 우리는 한국 생활에서 발생하는 수많은 사례를 상담하고 있습니다. 상담을 진행하면서 우리는 종종 감정이입의 어려움에 직면하게 됩니다. 왜냐하면, 각 개인의 이야기는 단순한 상담 대상이 아니라, 실제 사람들의 고통과 갈등을 담고 있는 삶이기 때문입니다.

때로는 그들의 아픔이 너무나 깊게 다가와서 어떤 말을 해야 할지 몰라 답답해지기도 했고, 우리의 언어가 부족하고 짧아서 원망

스러웠던 순간도 있었습니다. 그런데도 위로가 되는 것은 친구들이 한국어를 잘 모른다는 점입니다. 우리가 말을 조금 못해도 그저 옆에 있어 주는 것만으로도 그들에게 위로가 될 수 있다는 사실입니다.

상담을 하면서 그들의 아픔에 함께 울기도 하고, 때로는 해결책을 찾지 못해 무력감을 느끼기도 합니다. 하지만 하나님께서 우리에게 주신 사명은 이 자리를 지키는 것이며, 그들에게 하나님이 주시는 진리와 사랑을 전하는 것임을 기억합니다. 그 어려운 순간마다 하나님께서 우리를 지켜주시고, 우리에게 주어진 사명을 계속 이어가게 하시며, 그들에게 길을 여시는 은혜를 체험하고 있습니다.

> "너희가 나를 택한 것이 아니요 내가 너희를 택하여 세운 것이다." (요한복음 15:16)

하나님께서는 올프렌즈가 친구들을 돕는 도구로써의 역할만 주신 것이 아니라, 그들과 함께 그들의 삶 속에서 함께하며 진정한 회복의 길을 열어가기를 원하신다는 것을 믿습니다. 이 자리를 지키는 일이 너무 힘들어 도망가고 싶고, 피하고 싶을 때도 많지만, 하나님께서 우리를 택하시고 맡기셨기에 이 부르심을 붙들고 사역합니다.

친구들과 함께하며 더 깊은 믿음의 길을 걸어갈 수 있도록 이끌어 주시는 주님의 은혜에 감사하며, 하나님을 찬양합니다.

잊히지 않는 약속, "다시 만나요"

베트남 심방의 제약

"목사님~! 선생님~! 사모님~! 이번에 베트남에 오나요? 꼭 우리 집에 오세요. 너무 보고 싶어요. 정말 정말 만나고 싶어요."

매년 국제 심방 기간이 다가오면, 베트남 공동체 자매 덩(가명)은 어김없이 이와 같은 메시지를 보냅니다. 단순한 인사처럼 보일 수 있는 이 말 속에는 올프렌즈 공동체에 대한 깊은 감사와 간절한 그리움, 그리고 다시 만나고자 하는 애틋한 기다림이 담겨 있습니다. 이 메시지를 받을 때마다 함께하지 못하는 안타까움과 미안함이 몰려와, 글로 답변을 전할 수밖에 없습니다.

안타깝게도 베트남에서는 심방을 가서 예배를 드릴 수는 없습니다.

베트남은 불교, 유교, 도교, 조상 숭배가 혼합된 민간 신앙이 뿌리 내린 나라이며, 공산주의 체제 아래에서 종교 활동은 국가의 철저한 통제를 받습니다. 종교 행위는 국가의 허가를 받은 단체에 한해 제한적으로 이루어지며, 외국인이 자국민을 대상으로 복음을 전하는 일은 법적으로 금지되어 있습니다. 적발 시 추방이나 형사처벌의 위험이 따르기에, 한국 교회들이 진행하는 베트남 단기 선교는 문화 교류, 봉사, 혹은 NGO와의 협력을 명분으로 조심스럽게 진행되고 있습니다. 우리가 생각하는 선교는 법의 테두리 밖에 있습니다.

서로 다른 땅, 서로 다른 문화

덩(가명)과 반(가명) 부부는 올프렌즈 공동체 안에서 만나 사랑을 키우고 결혼했습니다.

반 형제는 베트남 북부 출신, 덩 자매는 남부 출신입니다. 베트남은 국토가 남북으로 길어 지역 간 문화 차이가 매우 큽니다. 특히 결혼 문화에서는 북부가 유교적 전통에 따라 가문 중심의 혼례를 중시하는 반면, 남부는 개인의 감정과 선택을 더욱 중요시합니다. 베트남에는 이런 말이 있습니다.

"남쪽 여자와 북쪽 남자가 결혼하면 집안이 망한다."

이것은 지역 간 결혼에 대한 편견이 깊다는 것이고 덩이 남편의 가족에게 문화적으로 온전히 환영받지 못한다는 의미이기도 합니다.

공동체의 따뜻한 만남

반 형제는 올프렌즈가 시작된 초기부터 공동체에 참석하기 시작했습니다.

내성적이고 말수가 적었던 그는 당시 일터에서 임금을 받지 못하는 어려운 상황에 부닥쳐 있었습니다. 그때 올프렌즈 섬김이들이 그의 기숙사로 찾아가 따뜻한 심방과 격려의 말을 전해주었습니다. 외로운 이국 생활 속에서 주님이 주시는 위로를 그는 경험하며 점차 마음을 열고 예배에 참석하기 시작했습니다. 이후 베트남 공동체에 자매들이 하나둘씩 출석하면서 덩도 오프렌즈에 나오게 되었고 반과 덩은 서로 가까워져 결국 결혼까지 하였습니다.

이들은 올프렌즈 공동체에서 처음 탄생한 결혼 커플이 되었습니다. 현재 올프렌즈 내에서 결혼한 커플은 총 다섯 부부에 이릅니다.

시련과 하나님의 은혜

반은 올프렌즈의 꾸준한 돌봄과 차량 픽업 덕분에 공동체 내에서 안정적으로 자리를 잡았습니다. 그때 오륜교회 의료선교팀과 협력하여 진행하는 무료 진료를 통해 건강을 확인한 결과, 고혈압이 발견되어 지속적으로 약을 지원을 받기도 하였으나, 그의 신앙은 여전히 형식적인 상태였습니다. 그러던 중, 진정한 변화는 아들의 출산과 함께 찾아왔습니다.

2015년 2월, 덩 자매가 임신 34주째에 갑작스럽게 양수가 터지는 응급 상황이 발생했습니다. 당시 그녀는 임산부임에도 불구하고, 육체적인 부담이 큰 야간 근무를 계속하고 있었습니다. 부부의 경제 상황 또한 매우 어려웠습니다. 벌어들인 수입 중 일부는 한국 입국을 위한 비용을 위해 진 빚을 갚아야 했고, 고향의 부모님과 형제들에게 송금해야 하는 부담을 가지고 있었습니다. 그래서 임신한 몸으로 무리가 되었지만 일을 그만둘 수 없었습니다. 그렇게 조산으로 태어난 아기 민찬이는 몸무게 2.2kg에 불과해 인큐베이터에 들어가야 했습니다.

부부는 당시 이사장 부부에게 "아기를 매일 면회하고, 초유를 전달하기 위해 병원 근처 여관 투숙하려고 해요."하고 말하였습니다. 그 이야기를 나눈 장소는 바로 병원 인근 상가 앞 인도였습니다. 그 이야기를 들은 당시 이사장은 "지금 너희를 도와주실 분을 소개할게."라고 하며 주변의 시선을 아랑곳하지 않고 반과 함께 무릎을 꿇고 예수님께 기도하였습니다.

기도가 마무리되자, 그는 "나를 도와주신 그 분이 어디 있냐?"고 주위를 둘러보았습니다. 그때 당시 이사장은 조용히 "우리를 도우실 분은 사람이 아니라 하나님이셔!"라고 복음을 전하였고, 반 부부를 이사장 집으로 데리고 가 한 달 동안 산후조리를 도와주었습니다.

매일 아침이면 집 현관 앞에는 올프렌즈 섬김이들이 보내준 고기, 쌀, 미역 등이 놓여 있었고, 이러한 섬김이 산모에게 주님의 따뜻한 사랑이 전해졌으며, 2천만 원이 넘는 병원비 또한 여러 교회들의 기도와 후원으로 해결되었습니다.

이 모든 순간은 성경 말씀이 실제로 이루어지는 기적 같은 은혜의 체험이었습니다.

> "나의 하나님이 그리스도 예수 안에서 영광 가운데 그 풍
> 성한 대로 너희 모든 쓸 것을 채우시리라" (빌 4:19)

그리고 또 한 번 은혜를 체험하는 순간도 있었습니다. 민찬이가 10개월 되었을 때, 갑작스럽게 뇌에 이상 소견이 나타나 덩 부부와 섬김이들에게 기도를 계속하게 하시더니, 정밀검사에서 정상 판정을 받으며 하나님의 또 다른 기적을 체험하게 하셨습니다.

공동체 안에서 자라는 믿음

이러한 은혜의 체험을 통해 덩 자매는 공동체 내에서 뜨겁고 진실하게 믿음의 삶을 살아가기 시작했습니다. 그녀는 단순히 믿음을 고백하는 데 그치지 않고, 예배와 섬김을 통해 공동체의 중심에 서게 되었으며, 출산 당시 외로웠던 순간에 올프렌즈 공동체가 든든한 울타리 역할을 하여 함께 짐을 나누고 받았던 사랑을 이제는 그녀가 나누고 전달하는 모습을 보여주었던 것입니다.

그 후, 2017년에 덩 자매와 민찬이는 반 형제를 한국에 남긴 채 남편의 부모님이 계신 고향으로 귀국하게 되었고, 귀국 후 올프렌

즈 섬김이들을 초대하였습니다. 올프렌즈 섬김이들은 덩의 초대를 받아 특별한 국제 심방의 기회를 가졌습니다. 덩 자매는 공항까지 택시를 보내어, 언어가 통하지 않는 베트남 땅에서 그녀의 집까지 안전하게 올 수 있도록 배려하였습니다.

택시로 약 1시간 30분을 달려 반의 집에 도착하자, 부모님과 친척들이 모여 진심 어린 환영으로 우리를 맞이하였습니다. 마을에는 반의 친척들이 많이 살고 있어서 마치 마을 잔치가 열리는 듯한 분위기였습니다. 우리는 덩 자매를 만나 먼저 예배를 드렸습니다. 베트남의 가정집에서 찬양과 말씀, 기도를 나누는 그 시간은 우리 모두에게 깊은 감동이었습니다.

예배 후, 준비된 음식으로 마을 친척 30여 명이 한자리에 모여 함께 식사를 나누었습니다. 식사 전에 덩 자매는 친척들에게 "목사님이 오셨으니, 모두가 기도한 후 식사해야 합니다"라고 당당히 권면하였습니다. 남쪽 여자인 며느리가 북쪽 시댁 사람들에게 당당히 기도하자고 한 것입니다. 그녀의 말에 따라, 친척들은 모두 눈을 감고 손을 모아 기도에 임하였고, 한국어를 이해하지 못하더라도 그들이 주님의 이름 앞에서 머리를 숙이는 모습은 놀라운 복음의 증거였습니다.

식사를 마치고 친척들을 집으로 돌려보낸 후, 덩 자매는 우리에게 그들의 가정에 심방을 가서 주님의 이름으로 축복과 기도를 나누고 싶다고 하였습니다. 우리는 덩 자매와 함께 마을의 친척 집을 방문하며, 주님의 이름으로 기도와 축복, 감사를 전하는 귀한 시간을 보냈습니다. 그렇게 친척들을 기도로 이끄는 덩 자매의 모습은 마치 진정 예수님의 제자 된 모습이었습니다.

현실 속에 드러나는 하나님의 은혜

2021년에는 반 형제도 본국으로 돌아갔고, 이제는 고향에서 네명의 식구가 한 집에서 생활하고 있습니다. 행복하게 살고 있겠지만, 그들이 예배드리지 못하는 현실은 우리의 마음을 여전히 아프게 만듭니다. 베트남에서는 기독교로 개종한 이들이 법적 차별을 겪으며, 신분증이나 출생증명서조차 발급받지 못하는 사례가 있습니다. 2019년 미국 국제종교자유위원회(USCIRF) 보고서에 따르면, 중앙 고원 지역의 약 10,000명의 기독교인이 이러한 어려움을 겪고 있다고 보고되고 있습니다. 이런 차별은 교육, 의료, 그리고 공공 서비스 이용에 큰 제약을 받고 생활한다는 의미입니다.

올프렌즈에서 복음을 접하고 믿음을 가진 친구들이 한국에서의 노동 생활을 마치고 귀환하면 "나는 예수님을 믿습니다."라고 당당히 외치는 것이 쉽지 않은 현실에 직면합니다. 비록 우리가 전했던 주님을 말로 시인하지 못하더라도, 그들 마음속에 깊이 복음이 새겨져 있기를 기도할 뿐입니다.

덩 자매가 매년 보내는 "꼭 오세요"라는 말은 단순한 방문 요청을 넘어, 함께 손을 맞잡고 기도하며 기쁨과 은혜를 나누고 싶은 간절한 신앙의 표현일 것입니다.

우리가 해야 할 일이 참으로 많습니다.

"너희는 가서 모든 민족을 제자로 삼으라."는 주님의 명령처럼...

피롬 형제의 간증 마지막 부분에는 이런 고백이 적혀 있습니다. "십자가의 메신저로서 저희 부부가 사용되기를 기도합니다." 그 고백이 그들의 삶에서 실제가 되기를, 주님의 손에 붙들려 쓰임 받는 부부가 되기를 간절히 기도합니다.

제5부

하나님의 손길
우리들의 이야기

하나님의 부르심과 순종의 시작

캄보디아 이이마이 (Yi imai)

먼저 하나님의 은혜로 올프렌즈를 만나게 해 주신 것에 깊이 감사드립니다. 특별히 학업을 이어갈 수 있도록 등록금을 후원해 주시고, 물질적·영적 도움을 아끼지 않으신 올프렌즈 공동체에 진심으로 감사의 마음을 전합니다.

저에게 베풀어 주신 이 사랑과 나눔을 통해 하나님의 크신 은혜를 다시 깨닫게 되었습니다. 교회의 기도와 지원이 없었다면 이 길을 걸어가는 것이 쉽지 않았을 것입니다. 그런데 올프렌즈의 따뜻한 마음과 섬김 덕분에 더욱 믿음 안에서 성장하며, 하나님께서 주신 길을 담대히 걸어갈 수 있게 되었습니다.

특히 캄보디아 사역을 통해 복음을 전할 수 있는 기회를 주시고,

함께 기도하며 나아갈 수 있도록 도와주신 올프렌즈 공동체에 진심으로 감사드립니다. 저의 작은 걸음에도 함께해 주시고, 격려해 주시며, 하나님의 사랑을 실천하는 모습 속에서 큰 감동을 받았습니다.

저는 하나님의 부르심 속에서 2023년에 전주비전대학교에서 졸업해서 5월에 올프렌즈에 오게 되었고, 이곳에서 캄보디아 친구들에게 복음을 전하는 사역을 하게 되었습니다. 처음에는 사역을 시작하면서 저는 '내가 과연 잘할 수 있을까?'라는 생각을 많이 했습니다. 하지만 하나님께서는 저의 능력이 아니라, 그분의 사랑과 은혜로 사역이 이루어진다는 것을 가르쳐 주셨습니다. 저는 부족했지만, 하나님께서 먼저 저를 사랑하셨고, 그 사랑을 캄보디아 친구들에게 나눌 수 있도록 도우셨습니다.

처음 올프렌즈에 왔을 때, 이곳은 저에게 낯설고 생소한 곳이었습니다. 언어도 문화도 똑같았지만 사역이 쉽지만은 않았습니다. 그러나 이곳에서 만난 현지인들의 순수한 믿음과 간절한 마음은 제 신앙을 다시 돌아보게 만들었습니다. 친구들에게 복음을 전하고, 그들과 함께 찬양하고 기도하는 시간은 저에게도 큰 은혜의 시간이었습니다. 저는 예수님의 사랑을 전하러 왔지만, 오히려 그들의 순수한 믿음을 통해 더 큰 사랑을 경험하게 되었습니다. 또한, 사역은 특별한 사람들이 하는 것이 아니라, 우리 모두가 할 수 있는 것임을 알게 되었습니다. 제가 가진 것은 크지 않았지만, 하나님께서는 작은 사랑과 섬김을 통해 크신 일을 이루셨습니다.

　이 사역을 통해 받은 은혜를 가슴 깊이 새기며, 올프렌즈 공동체를 통해 배우고 경험한 사랑과 헌신을 기억하며, 앞으로도 주님의 부르심에 순종하는 삶을 살아가겠습니다. 예수님께서 저를 사랑하셨듯이, 저도 그 사랑으로 그들을 섬기겠습니다. 하나님께서 저를 부르시고 사용하신 것처럼, 어디에서든지 주님의 사랑을 전하며 살아가겠습니다.

ការត្រាស់ហៅរបស់ព្រះអង្គ និងការចាប់ផ្តើមនៃការស្ដាប់បង្គាប់

ជាដំបូង ខ្ញុំសូមថ្លែងអំណរគុណយ៉ាងជ្រាលជ្រៅចំពោះព្រះអង្គ ដែល
បានផ្តល់ឱកាសឱ្យខ្ញុំបានស្គាល់ក្រុមជំនុំ Allfriends តាមរយៈព្រះគុណ
របស់ទ្រង់។ ជាពិសេសដើម្បីឱ្យខ្ញុំអាចបន្តការសិក្សារបស់ខ្ញុំបានខ្ញុំសូម
អំណរគុណយ៉ាងស្មោះស្ម័គ្រចំពោះសហគមន៍ព្រះវិហារសម្រាប់ជំនួយលើ
ថ្លៃសិក្សា និងជំនួយខាងផ្នែកព្រះវិញ្ញាណបរិសុទ្ធផងដែរ។

តាមរយៈសេចក្តីស្រឡាញ់ និងការវែកវែកដែលAllfriends បានផ្តល់
ឱ្យខ្ញុំ ខ្ញុំបានដឹងជាថ្មីម្តងទៀតនូវព្រះគុណដ៏ធំធេងរបស់ព្រះអង្គ។ បើគ្មាន
ការអធិស្ឋាន និងការគាំទ្រពីព្រះវិហារទេ សម្រាប់ខ្ញុំគឺមិនងាយស្រួលទេក្នុង
ការបន្តដំណើរលើផ្លូវមួយនេះ។ ទោះជាយ៉ាងណាក់ដោយ ដោយសារដួងចិត្ត
ដ៏កក់ក្តៅ និងការបម្រើនៅAllfriends ខ្ញុំអាចរកចម្រើននៅសេចក្តីជំនឿ
របស់ខ្ញុំ ហើយឈ្នោះទៅមុខយ៉ាងក្លាហាននិងដើរតាមផ្លូវដែលព្រះបាន
ប្រទានឱ្យខ្ញុំ។

ខ្ញុំសូមថ្លែងអំណរគុណចំពោះសហគមន៍ព្រះវិហារដែលបានផ្តល់ឱកាស
ឱ្យខ្ញុំផ្សព្វផ្សាយដំណឹងល្អ ជាពិសេសតាមរយៈការថ្វាយបង្គំជាមួយបងប្អូន
ខ្មែរនិងពេលវេលាអធិស្ឋានជាមួយគ្នា។ ខ្ញុំគិតជាសប្បាយចិត្តយ៉ាងខ្លាំង
ចំពោះបងប្អូនដែលបានអមដំណើរពេលខ្ញុំដើរមួយជំហានៗរបស់ខ្ញុំ តែងតែ
លើកទឹកចិត្ត និងបង្ហាញអោយឃើញសេចក្តីស្រឡាញ់របស់ព្រះអង្គផង
ដែរ។

ខ្ញុំបានបញ្ចប់ការសិក្សាពីសាកលវិទ្យាល័យ Jeonju Vision ក្នុងឆ្នាំ
2023 តាមការគ្រាស់ហៅរបស់ព្រះអង្គ ខ្ញុំបានមកព្រះវិហារ All Friends
ក្នុងខែឧសភា ជាកន្លែងដែលខ្ញុំចាប់ផ្ដើមផ្សព្វផ្សាយដំណឹងល្អដល់
បងប្អូនខ្មែរជំពុងនៅប្រទេសកូរ៉េ។ ពេលខ្ញុំចាប់ផ្ដើមកិច្ចបម្រើផ្សាយ
ដំណឹងជំពុង ខ្ញុំបានគិតច្រើនថា «តើខ្ញុំអាចធ្វើវាបានល្អទេ?» ប៉ុន្តែព្រះ
បានបញ្ជៀនខ្ញុំថា ការបម្រើគឺមិនមែនដោយសមត្ថភាពរបស់ខ្ញុំផ្ទាល់ទេ
ប៉ុន្តែដោយសេចក្ដីស្រឡាញ់ និងព្រះគុណារបស់ទ្រង់ប្រទាន។ ទោះបីជា
ខ្ញុំខ្វះខាតក៏ដោយ ក៏ព្រះជាម្ចាស់ស្រឡាញ់ខ្ញុំមុនគេ ហើយបានជួយខ្ញុំ
អោយចែកចែករំលែកសេចក្ដីស្រឡាញ់នោះទៅកាន់បងប្អូនខ្មែរផងដែរ។

នៅពេលខ្ញុំមក All Friends ជាលើកដំបូង គឺជាកន្លែងថ្មី ដូច្នេះពិបាក
ក្នុងការសម្រាបតាម ម្យ៉ាងទៀតទោះបីជាភាសានិងវប្បធម៌ដូចគ្នាក៏ដោយ
ក៏មិនងាយស្រួលដែរសម្រាប់ខ្ញុំ។ ទោះយ៉ាងណាក៏ដោយ ដំនៀដំបរិសុទ្ធ
និងចិត្តដ៏កក់ក្ដៅរបស់បងប្អូនដែលខ្ញុំបានជួបនៅទីនេះ បានធ្វើឱ្យខ្ញុំបាន
ក្រលេកមើលទៅលើសេចក្ដីដំនៀរបស់ខ្ញុំសារឡើងវិញ។

ការផ្សព្វផ្សាយដំណឹងល្អ ហើយសរសើរដល់ម្ដង និងអធិស្ឋានជាមួយ
បងប្អូន គឺជាពេលវេលាមួយនៃព្រះគុណាដ៏អស្ចារ្យសម្រាប់ខ្ញុំ។ គោលដៅ
ដែលខ្ញុំបានមកទីនេះដើម្បីផ្សព្វផ្សាយសេចក្ដីស្រឡាញ់របស់ព្រះយេស៊ូវ
ប៉ុន្តែផ្ទុយទៅវិញ ខ្ញុំបានជួបប្រទះនូវសេចក្ដីស្រឡាញ់ដ៏ធំធេង តាមរយៈ
សេចក្ដីដំនៀដំបរិសុទ្ធរបស់បងប្អូនទៅវិញ។ ម្យ៉ាងទៀត ខ្ញុំបានដឹងថា
កិច្ចបម្រើផ្សព្វផ្សាយដំណឹងល្អមិនមែនមានតែមនុស្សពិសេសដែលអាច

ធ្វើបាននោះទេ ប៉ុន្តែជាអ្វីដែលយើងគ្រប់រូបអាចធ្វើបានក្នុងព្រះនាមទ្រង់។ អ្វីដែលខ្ញុំមានគឺមិនច្រើនទេ ប៉ុន្តែទ្រង់បានសម្រេចរឿងដ៏អស្ចារ្យតាមរយៈ សេចក្តីស្រឡាញ់ និងការបម្រើតូចតាចដែលយើងគិតថាមិនសំខាន់។

ខ្ញុំនឹងឆ្លាក់ក្នុងដួងចិត្តនូវព្រះគុណដែលខ្ញុំបានទទួលតាមរយៈការបម្រើ នៅនេះ ចងចាំពីសេចក្តីស្រឡាញ់ និងបទពិសោធន៍ផ្សេងៗតាមរយៈការ លះបង់បម្រើនៅទីនេះ ហើយបន្តរស់នៅក្នុងជីវិតគោរពប្រតិបត្តិតាមការ ត្រាស់ហៅរបស់ព្រះអម្ចាស់ ។ ដូចព្រះយេស៊ូវបានស្រឡាញ់ខ្ញុំ ខ្ញុំនឹងបម្រើ ដោយសេចក្តីស្រឡាញ់នោះទៅដល់នាក់ដទៃ។ ដូចដែលព្រះជាម្ចាស់បាន ត្រាស់ហៅ និងប្រើខ្ញុំ ខ្ញុំនឹងរស់នៅដោយផ្សព្វផ្សាយសេចក្តីស្រឡាញ់របស់ ព្រះអម្ចាស់គ្រប់ទីកន្លែង។

피해도 피할 수 없는
하나님의 이끄심

캄보디아 피롬

그리스도 예수 안에서 형제 자매된 여러분께 인사드립니다.

저에게 간증을 할 수 있는 기회를 주신 하나님께 감사를 드리며 간증을 나누겠습니다.

제 이름은 피롬입니다.

캄보디아는 부처를 믿는 종교 문화를 갖고 있었기에 저희 가정도 자연스럽게 부처를 믿고 있었습니다.

제가 7살 때 엄마가 많이 아프셨습니다. 갑상선, 뇌막염, 고혈압으로 아프신 엄마는 치료가 되지 않고 아프신 게 점점 심해져 누워서 거의 움직이지도 못하는 상태가 되셨습니다.

그때 복음을 전파하던 선교사님들이 우리 집을 방문하여 "하나님을 만나보세요. 그분은 모든 권세와 권능을 가지신 분이십니다."라고 하시며 하나님에 대해 알려주시고 성경을 읽어보라고 주고 가셨습니다.

아프신 엄마는 하나님이 궁금하다는 생각에 성경을 읽기 시작했습니다.

성경을 읽기 시작한 며칠 후부터 엄마의 눈이 점점 밝아지고 온몸이 좋아지는 기적의 은혜를 체험하였습니다.

이렇게 기적을 체험한 우리 가족은 교회에 다니게 되었습니다.

하나님을 믿게 된 아빠는 성경을 배우는 학교에 다니며 하나님을 깊게 만나게 되어 다른 사람들에게 하나님의 복음을 전하기까지 하였고 지금은 교회의 목사님으로 섬기고 계십니다.

목사님의 자녀가 된 저는 주변 사람들에게 모범을 보여야 하고 교회 활동도 열심히 해야 한다는 무게가 항상 짓누르고 있어 목사의 자녀라는 이름이 참 버거울 때가 많다고 생각하며 자랐습니다.

2019년에 경영학을 공부하기 위해 대학에 입학했고 공부하는 동안 한국어를 배울 기회도 얻었습니다. 그러나 대학에서 공부만 하는 것이 쉽지 않은 환경이었습니다. 그래서 한국에 들어가서 일을 하고 돈을 벌어야겠다고 생각하게 되었습니다. 마음속으로는 아버지의 목회 사역에서 벗어나고 싶은 마음도 있었습니다. 그래서 한국어 시험에 합격하여 한국에 들어와서 일을 하게 되었습니다.

처음에는 부산에 있는 공장에서 6개월 쯤 일을 하다가 경기도 화성으로 회사를 옮기게 되었습니다. 화성에서 일을 하면서는 한 달에 한 번은 가벼운 마음으로 올프렌즈에 가서 예배를 드렸습니다. 누나가 광주의 농장에서 일을 했는데 올프렌즈는 누나가 다니던 센터였습니다.

저는 2016년에 캄보디아에서 올프렌즈를 처음 만났습니다.

제가 캄보디아 있을 때 누나가 다니던 한국의 올프렌즈에서 목사님과 선생님들이 우리 집을 찾아와 심방해 주셨고 아빠가 사역하는 교회에 방문하여 어린이들을 직접 만나며 함께하는 시간을 가졌습니다.

캄보디아에는 한국의 선교팀들이 참 많이 오지만 올프렌즈처럼 한국에서 일하고 있는 캄보디아 사람의 고향 집을 직접 방문하여 부모님과 만나 교제를 나누는 곳은 없습니다. 그 시절에는 인터넷이 지금처럼 발달하지 않아 캄보디아와 한국에 있는 가족이 자유롭게 연락할 수 있는 시기가 아니었습니다.

한국 올프렌즈센터의 방문은 우리 가족에게는 하나님이 주신 사랑이었고 감사였고 기쁨이었습니다. 그때 올프렌즈를 통한 사랑을 알기에 화성에서 일하면서부터 한 달에 한 번은 올프렌즈를 찾아갔습니다.

올프렌즈에 갈 때마다 나를 기다려 주시며 반갑게 맞아 주시고 따뜻하게 안아 주시던 목사님과 선생님들이 계셔서 좋았습니다.

올프렌즈까지 가는 시간이 3시간 정도 걸렸고, 일 때문에 힘들었지만, 올프렌즈를 통해 위로를 받는 시간이었습니다.

누나가 일하고 있고, 올프렌즈가 있는 광주로 일자리를 옮기길 소망하며 기도하였는데 2023년에 광주에 있는 회사로 옮기게 되어 올프렌즈에 매주 출석하며 예배드리게 되었습니다. 올프렌즈에서 예배를 빠지지 않고 드리고 한국말을 조금 잘해서 저는 올프렌즈 리더가 되었습니다.

캄보디아에서 목사님 자녀로 자라면서 믿음의 무게가 커서 벗어나고 싶을 때에 한국에 오게 되어 참 자유스럽고 좋았다고 생각했는데 한국 올프렌즈에서 리더가 된 것입니다. 하나님은 제가 피하고 싶은 곳에서는 벗어났지만 다른 곳에서 일을 하도록 이끄시는 것 같았습니다. 올프렌즈 리더도 결코 가벼운 무게가 아닙니다. 그렇지만 한국에서 일하는 외로운 캄보디아 친구들을 섬기는 보람이 있어 또 다른 모양의 믿음의 무게를 감사히 생각하고 있습니다.

지금은 올프렌즈 목사님은 제가 신학을 공부하면 좋겠다고 권유하시고 그것을 위해 기도까지 하고 계십니다. 저도 하나님께서 저에게 무엇을 말씀하시는지, 어떤 방향으로 이끄시는지를 바라보며 저는 기도하고 있습니다.

저는 3년 전, 2022년에 결혼을 하였습니다. 제 와이프 이름을 꼴납입니다.[2] 꼴납은 올프렌즈와 연계되어 캄보디아의 치과의료사역을 하는 '미션오브모바일'(Mission of Mobile)이라는 선교단체에서 통

---

2 피롬 형제의 간증은 2025년2월10일 할렐루야교회에서 간증한 내용입니다. '피롬의 감사편지'는 간증 이후 꼴납 자매의 진료 진행 사항에 대해 감사의 뜻을 표하며 적은 내용입니다. 꼴랍 자매의 진료 진행 상황'은 이글을 작성하는 현재까지의 진행 상황에 대해 작성하였습니다.

역, 행정 등 여러 사역을 하고 있습니다. 미션오브모바일은 이동치과 차량으로 캄보디아 지역을 다니며 치과 치료가 필요한 사람들에게 복음과 함께 그리스도의 사랑을 전하는 사역을 하고 있습니다.

간증을 할 수 있도록 하나님께서 이끌어 주셨으니 개인적인 기도 부탁을 드립니다.

아내가 지금 많이 아픕니다. 2018년에 아내는 신장이 안 좋아서 캄보디아에서는 치료할 수가 없는 상태여서 선교사님의 도움으로 한국에 있는 전북대학교에서 수술했습니다.

그런데 최근에 아내의 건강이 다시 나빠져 많이 아픕니다. 신장 결석과 요관 협착이 심해 왼쪽 요로 기능이 심각하게 상실되어 가고 있고 치료가 지연되면 신장을 잃을 수 있다고 합니다.

캄보디아에서는 치료비가 비싸기도 하지만 의료가 발달하지 않아 중증인 아내는 치료가 쉽지 않아 태국이나 한국에서 치료를 받아야 하는 형편입니다.

아내가 치료를 받을 수 있도록 한국 비자 승인이 이루어지고 치료를 위한 모든 환경을 하나님께서 허락해 주시길 기도합니다.

이전에 아내를 치료해 주셨던 하나님께서 다시 기적을 행해 주실 것이라고 믿습니다.

건강이 회복되어 하나님의 영광을 위해 십자가의 메신저로서 저희 부부가 사용되길 기도합니다.

감사합니다.

피롬의 감사 편지

저와 제 아내를 위해 사랑으로 기도해 주신 모든 목사님과 성도님들께 진심으로 감사드립니다.

특히, 제 아내가 요관 수술을 받아야 하는 건강 문제로 어려움을 겪었을 때, 경제적으로도 힘든 상황이었지만 여러분의 간절한 기도와 헌신적인 도움 덕분에 큰 힘을 얻을 수 있었습니다.

아무런 방법도 보이지 않는 절망적인 상황 속에서 무릎을 꿇고 하나님께 간절히 기도드렸고, 하나님께서는 저의 눈물과 고통을 외면하지 않으셨습니다. 하나님은 신실하신 분이시며, 단 한 순간도 저를 외롭게 두지 않으셨습니다.

> "그러나 내가 가는 길을 그가 아시나니 그가 나를 단련하신
> 후에는 내가 순금같이 되어 나오리라" (욥기 23:10)

이 말씀을 통해 저는 큰 위로를 얻었습니다. 하나님께서는 우리의 모든 고통과 어려움을 선으로 변화시키실 것을 확신하며 저는 절대 절망하지 않았습니다. 하나님의 모든 말씀은 신실하며, 하나님의 약속은 반드시 이루어질 것입니다.

저는 하나님께 간절히 기도드렸고, 하나님께서는 제 아내의 생명

과 건강을 붙잡아 주셨습니다. 하나님께서는 그녀를 주님의 자녀로 그리고 주님의 사역자로 부르셨습니다. 아직도 주님의 말씀이 필요한 많은 사람들이 있습니다.

하나님의 은혜로 많은 목사님들과 성도님들의 기도를 받을 수 있었고, 여러분의 기도 덕분에 제 아내의 건강이 완전히 회복되지는 않았지만, 다시 일어나 주님의 사역에 동참할 수 있을 정도로 회복되었습니다. 지금은 기쁨으로 Mission of Mobile 치과 선교팀과 함께 선교 사역을 감당하고 있습니다.

저는 하나님께서 저희 부부의 삶을 사용하시기를 기도합니다. 하나님께서 원하시는 대로 저희의 삶을 인도하시고, 저희가 이 땅에서 주어진 시간 동안 하나님의 뜻을 따라 살아가기를 원합니다.

마지막으로, 다시 한번 모든 분들께 깊은 감사의 인사를 드립니다. 하나님께서 여러분 모두에게 평안과 복을 주시고, 여러분의 삶이 하나님의 영광을 드러내는 빛이 되기를 기도합니다.

하나님의 사랑으로 감사의 인사를 드립니다.

꼴랍 자매의 치료를 위해 함께하면서

피롬 형제가 아내인 꼴랍 자매의 신장 질환이 재발되어 치료받아야 한다는 소식을 들은 건 지난 2월이었습니다. 피롬은 아내가 치료를 위해 한국에 입국해야 한다며 기도를 부탁했습니다. 기도 부탁을 받고 우리는 여러 교회와 기관에 도움을 요청하며 함께 기도하기 시작했습니다.

그렇지만 얼마 지나지 않아, 꼴랍 자매의 한국 입국 비자 신청이 거부되었다는 결과를 접하게 되었습니다. 그 소식을 듣고 꼴랍 자매가 사역하고 있는 '미션 오브 모바일'의 정병설 선교사님과 직접 연결하여 상황을 보다 정확히 파악했습니다. 비자 거부의 이유는, 치료를 받을 병원의 공식 초청장이 없었기 때문이었습니다. 그래서 꼴랍 자매는 치료를 받기 위해 태국으로 방향을 전환할 수밖에 없었습니다. 태국 병원에서 진료를 받기 위해 준비하는 과정에서, 하나님께서 우리의 기도에 응답해 주셔서 여러 교회의 후원으로 치료의 길이 열리게 되었습니다.

올프렌즈를 통한 모금(이우교회와 할렐루야교회의 후원) 그리고 '미션 오브 모바일'을 통한 모금 후원 등이 모아져, 태국 병원으로 갈 수 있는 자금이 마련되었습니다. 그러나 태국에서도 상황은 절대 순탄하지 않았습니다.

의료진은 요관 협착 부위에 스텐트 시술을 먼저 시도하기로 결정했습니다. 하지만 만약 시술이 효과가 없으면, 협착된 부위를 절제한 뒤 신장의 결석을 제거하는 큰 수술을 해야 했습니다. 그러나 그 수술은 비용적으로도 큰 부담이었기에, 우리는 스텐트 시술이 잘 되기만을 간절히 기도할 수밖에 없었습니다.

꼴랍 자매가 시술을 받기로 3월 11일 밤 8시 30분. 결과를 기다리며 기도하던 중 새벽 3시에 도착한 카카오톡 메시지.

"수술 못했어요. 요관이 너무 협착되어 하지 못했어요."

그 순간, 아무 말도 할 수 없었습니다. 어떤 말도 위로가 되지 않을 것 같았습니다. 그저 조용히 주님 앞에 무릎 꿇고 기도할 수밖에 없었습니다.

그리고 아침 8시, 여기저기에 기도 요청을 보내기 시작했습니다. 기도를 요청하던 중, 올프렌즈와 무료 진료 사역을 함께하고 있는 영락교회 의료팀 장로님으로부터 연락을 받았습니다. "고려대학교 안암병원에서 수술받을 수 있을 것 같습니다."라는 내용이었습니다.

할렐루야! 하나님께서는 우리의 기도에 신속하게 응답해 주셨습니다.

영락교회 의료선교팀의 적극적인 협력으로 고려대학교 안암병원과 연결이 이루어졌고, 마침내 병원 초청장이 발급될 수 있었습니다. 하지만 여전히 넘어야 할 또 다른 산이 있었습니다.

고려대병원의 의료 초청장이 준비되었지만, 꼴랍 자매는 이미 2월에 비자가 거부된 이력이 있었기에, 병원 초청장이 있다고 해도 비자 승인 여부는 불확실한 상황이었습니다. 일반적으로 비자 거절 후 같은 사유로 재신청을 하려면 6개월을 기다려야 하는 규정이 있었지만, 꼴랍 자매의 건강 상태는 하루가 급한 상황이었습니다. 그래서 그 규정을 무시하고 재신청하였습니다.

그 과정은 생각보다 훨씬 까다로웠습니다. 심지어는 "이제 포기해야 하나?"라는 생각까지 들었습니다. 하지만 하나님께서는 그 순간에도 우리를 포기하지 않으셨습니다.

그리고 드디어, 2025년 4월 10일, 꼴랍 자매의 비자가 승인되었습니다. 그리고 4월 22일, 그녀는 한국에 입국하여 고려대학교 안암병원에서 필요한 수술을 위한 진료와 검사를 받고 있는 중입니다.

이 모든 과정은 단지 우연이나 사람의 손으로 이루어진 일이 아닙니다. 기도로 함께해 주신 모든 분들, 그리고 물질로 후원해 주신 분들의 사랑과 헌신이 있었기에 가능한 기적이었습니다.

진심으로 깊이 감사드립니다.

특히, 여러 서류 절차와 행정상의 어려움 속에서도 기꺼이 협조해 주시고 적극적으로 도와주신 고려대학교 의료원 사회공헌사업팀 관계자분들께, 진심으로 감사드립니다.

우리는 피롬과 꼴랍 부부가 이 고난의 시간을 지나, 센터와 캄보디아의 영적 리더로 성장하여 하나님의 신실한 일꾼으로 서게 되기를 간절히 기도하고 있습니다. 그들이 걸어가는 길이 은혜로 채워질 수 있도록,

피롬 형제의 간증 마지막 부분에는 이런 고백이 적혀 있습니다.

"십자가의 메신저로서 저희 부부가 사용되기를 기도합니다."

그 고백이 그들의 삶에서 실제가 되기를, 주님의 손에 붙들려 쓰임받는 부부가 되기를 간절히 기도합니다.

우연이 아니라 은혜입니다

캄보디아 쏙 포우

안녕하세요,

저는 쏙 포우입니다. 한국에서 8년 동안 근로자로 일하며, 매주 올프렌즈에서 봉사하고 예배 찬양 리더로 사역하고 있습니다. 오늘은 제 간증을 통해 하나님께서 제 삶에 어떻게 역사하셨는지를 나누고자 합니다.

2016년, 처음 한국에 왔을 때 대구에서 10개월 동안 페인팅 회사에서 일했습니다. 하지만 페인트 문제로 인해 회사를 옮기려 했으나, 2개월 동안 새로운 회사를 찾지 못했습니다. 그러던 중 우연히 올프렌즈에 다녔던 한 분을 만나게 되었고, 그분의 소개로 쉼터를 사용할 수 있게 되었습니다. 그리고 예수님을 믿게 되었습니다.

그 후, 간판 회사에 취직하게 되었고, 하나님께 기도하며 교회 가까운 곳에서 일할 수 있도록 허락해 주시기를 간구했습니다. 하나님께서는 제 기도를 들어주셨고, 이는 제게 첫 번째 기적이었습니다.

그러나 믿음으로 생활하다 보니, 동료들로부터 무시와 괴롭힘을 당하기도 했고, 부장님께서도 여러 번 그만두라고 말씀하셨습니다. 한 달 반 정도 일한 후, 눈이 많이 쌓인 날 넘어져 다리를 다쳤고, 2개월 동안 쉬어야 했습니다. 그때 부장님은 저를 원망하셨지만, 올프렌즈 선생님이 저를 대신해 설득해 주셔서 계속 일할 수 있었습니다.

3년 후, 사장님이 저를 때리는 사건이 있었습니다. 그 이유는 동료들이 매번 모임을 할 때 술을 마시고 나쁜 일을 하였는데, 제가 참여하지 않아서 그들이 저를 미워했기 때문입니다.

2019년 초, 저는 믿음이 더 성장했습니다. 하나님께 기도하며 배우자를 허락해 주시기를 간구했고, 아내를 만나게 되었습니다. 코로나 시기에 올프렌즈에서 결혼식을 올렸고, 아들 에덴이라는 이름도 하나님께서 허락하셨습니다. 하나님은 결혼식과 아들의 출생, 그리고 아들을 위한 재정적 지원까지 허락해 주셨습니다.

저는 아빠를 잃은 것이 가장 가슴 아팠습니다. 사랑을 받지 못하고 무시당했던 기억이 있습니다. 그래서 저는 이 세상에서 예수님을 믿고 서로 사랑하는 세상을 바라게 되었습니다. 하나님을 만나고 천국에 가고 싶고, 더 이상 상처받지 않고 영원한 생명을 원합니다.

하나님이 온 세상을 창조하셨다는 것을 알기에, 저는 더 이상 사당에서 제사하거나 경배하지 않습니다. 기도할 때마다 기적이 이루어졌지만, 다른 사람들은 이를 우연으로 치부합니다. 그러나 저는 하나님이 계시고, 제 기도를 들으신다고 믿습니다.

올프렌즈에서의 믿음 생활은 저에게 큰 의미가 있었습니다. 매주 예배드리고 한국어도 배우며, 다른 사람들과 소통하려고 노력했습니다. 한국어 실력이 부족하다는 지적을 받았을 때, 외로움을 느꼈습니다. 하지만 한국어 시험을 보고 3급을 취득했으며, 사회통합프로그램 수업도 신청하여 주님의 은혜로, 성공적으로 마칠 수 있었습니다.

저는 한국어 3급 자격증과 봉사 자격증을 가지고 E7 비자로 변경되었고, 2023년 12월에 불법체류자 사면기간이어서 아내는 사면을 받고 캄보디아로 돌아갔습니다. 아내가 캄보디아로 돌아간 후, 경찰들이 아내의 회사에 가서 불법 친구들을 단속했습니다. 하지만 하나님의 은혜로 아내는 2개월 전에 회사를 나갔기에 큰 감사함을 느꼈습니다. 믿음이 없는 사람들은 이를 운이 좋았다고 생각하지만, 저는 하나님의 은혜라고 믿습니다.

사람들이 교회에 가는 이유는 아픔이나 도움을 받기 위해서입니다. 하지만 한가지 알지 못한 것은 왜 목사님들과 선생님들이 헌신하고 도와주는 이유는 우리가 모두 영원한 생명을 얻고 천국에 가기 위함을 알아야 합니다.

예수님을 믿는 것은 부자가 되는 것이 아니라 새 생명을 얻는 것입니다. 우리는 서로 사랑하고, 어려울 때 하나님께 기도하며 욕심을 버리고 가족과 행복한 시간을 보내야 합니다.

성령이 우리와 함께하신다는 것을 믿으며, 모든 것을 하나님께 맡기고 믿으면 부족함이 없음을 여러분께 전하고 싶습니다.

នេះមិនមែនជាចៃដន្យទេ ប៉ុន្តែជាព្រះគុណ។

សួស្តី,

ខ្ញុំឈ្មោះ សុខពៅ ជាពេលករ ហើយធ្វើការនៅប្រទេសកូរ៉េរយៈពេល ៨ ឆ្នាំហើយ។ នៅរៀងរាល់សប្តាហ៍ ខ្ញុំបានបម្រើការងារនៅព្រះវិហារ All Friends ហើយធ្វើជាមេដឹកនាំចម្រៀងក្នុងពេលថ្វាយបង្គំ។ ថ្ងៃនេះតាមរយៈការធ្វើទីបន្ទាល់របស់ខ្ញុំ ខ្ញុំចង់ចែករំលែកអំពីរបៀបដែលព្រះបានធ្វើការនៅក្នុងជីវិតរបស់ខ្ញុំ។

នៅឆ្នាំ ២០១៦ នៅពេលខ្ញុំមកដល់ប្រទេសកូរ៉េលើកដំបូង ខ្ញុំបានធ្វើការនៅក្រុមហ៊ុនលាបថ្នាំនៅទីក្រុងតែគូរយៈពេល១០ខែ។ ប៉ុន្តែដោយសារតែមានបញ្ហាថ្នាំលាប ខ្ញុំបានសម្រេចចិត្តប្តូរក្រុមហ៊ុន ប៉ុន្តែរយៈពេល២ខែ ខ្ញុំមិនអាចរកកន្លែងធ្វើការថ្មីបានទេ។

ក្នុងអំឡុងពេលនោះ ខ្ញុំបានជួបបងម្នាក់ដែលធ្លាប់ទៅព្រះវិហារ All Friends ហើយតាមការណែនាំរបស់គាត់ ខ្ញុំអាចប្រើប្រាស់ កន្លែងស្នាក់នៅបាន។ បន្ទាប់មក ខ្ញុំបានជឿលើព្រះយេស៊ូវ។

បន្ទាប់ពីនេះ ខ្ញុំបានការងារ ហើយចូលធ្វើការនៅក្រុមហ៊ុនផលិតផ្លាកហាង ដែរខ្ញុំតែងតែអធិស្ឋានសុំអោយព្រះអនុញ្ញាតអោយខ្ញុំអាចធ្វើការនៅកន្លែងជិតព្រះវិហារ។ ព្រះបានឆ្លើយតបការអធិស្ឋានរបស់ខ្ញុំ ហើយនេះគឺជាការអស្ចារ្យដំបូងសម្រាប់ខ្ញុំ។

ប៉ុន្តែក្នុងការរស់នៅជាមួយសេចក្តីជឿ ខ្ញុំបានជួបប្រទះនឹងការប្រមាថ និងការមើលងាយពីមិត្តរួមការងារ ហើយប្រធានក្រុមហ៊ុនក៏បាននិយាយ ច្រើនដងឲ្យខ្ញុំចេញពីកន្លែងការងារផងដែរ។ បន្ទាប់ពីធ្វើការប្រហែលមួយ ខែកន្លះ មានថ្ងៃមួយដែលព្រិលធ្លាក់ច្រើន ខ្ញុំបានអីលដួលនិង សម្រាក ព្យាបាលប៉ុន្មានខែ។ នៅពេលនោះ ប្រធានក្រុមហ៊ុនបានស្តីបន្ទោសខ្ញុំ ប៉ុន្តែគ្រូនៅ All Friends បានជួយ សម្រួលនិងពន្យល់ដល់ប្រធានក្រុមហ៊ុន អនុញ្ញាតឲ្យខ្ញុំបន្តធ្វើការបានទៀត។

បន្ទាប់ពីពីរឆ្នាំ ក៏បានកើតមានហេតុការណ៍មួយថែកែបានប្រអំពើហិង្សា មកខ្ញុំ។ មូលហេតុគឺ ដោយសារមិត្តរួមការងារជួបជុំដឹកស្រាជាញឹកញាប់ ហើយធ្វើទង្វើអាក្រក់ ពេលខ្ញុំមិនបានចូលរួម ពួកគេបានស្តប់ខ្ញុំហើយ ប្រាប់ថែកែថា ខ្ញុំធ្វើការមិនកើត ទើបធ្វើអោយទំនាក់ទំនងមិនល្អ។

នៅដើមឆ្នាំ ២០១៩ ជំនឿរបស់ខ្ញុំបានកាន់តែកែចម្រើន។ ខ្ញុំបាន អធិស្ឋានសុំអោយព្រះអនុញ្ញាតអោយខ្ញុំមានភរិយា ហើយពេលនោះខ្ញុំ ក៏បានជួបប្រពន្ធរបស់ខ្ញុំ។ ក្នុងអំឡុងពេលកូវីដ-១៩ យើងបានរៀបការ នៅព្រះវិហារ All Friends ហើយទទួលបានកូនប្រុសម្នាក់ឈ្មោះ "អេដេន" ដោយអំណរពីព្រះអង្គផងដែរ។ ទ្រង់បានអនុញ្ញាតអោយមានទាំងពិធី រៀបការ ប្រទានកំណើតកូន និងទទួលបានជំនួយផ្នែកហិរញ្ញវត្ថុសម្ភៀក បំពាក់សម្រាប់កូនផងដែរ។

រឿងដែលខ្ញុំលឺចាប់បំផុតគឺការបាត់បង់ឪពុករបស់ខ្ញុំ ខ្ញុំមានការ ចងចាំថាឪពុកខ្ញុំ មិនបានទទួលនៅសេចក្ដីស្រឡាញ់ និងត្រូវបានគេ មើលងាយជងដែរ។ ដូច្នេះ ខ្ញុំមានសង្ឃឹមចង់ឃើញពិភពលោកនេះជា ពិភពលោកដែលរជ្ជៀលើព្រះយេស៊ូវ និងស្រឡាញ់គ្នាទៅវិញទៅមក។

ខ្ញុំចង់ជួបព្រះ និងទៅនគរស្ថានសួគ៌ មិនទទួលងការលំបាក ហើយ ចង់មានជីវិតអស់កល្បជានិច្ច។

ដោយសារខ្ញុំបានដឹងថាព្រះបានបង្កើត ផ្ទៃមេឃនិងផែនដីទាំងមូល ខ្ញុំមិនអបអរសាទរឬគោរពទេវតា ឬសាសនាណាទៀតទេ។ រាល់ពេល ដែលខ្ញុំអធិស្ឋាន ទ្រង់បង្ហាញការអស្ចារ្យ តែអ្នកដទៃវិញមើលវាជា ការប្រក្រតីប្រជែង ឬការថែនឡេរទៅវិញ។ ប៉ុន្តែខ្ញុំជឿជាក់ថាព្រះទ្រង់ គង់នៅពិតប្រាកដ ហើយទ្រង់ស្ដាប់រាល់ការការអធិស្ឋានរបស់ខ្ញុំ។

ជីវិតជំនឿរបស់ខ្ញុំនៅព្រះវិហារ All Friends មានន័យយ៉ាងធំសម្រាប់ ខ្ញុំ។ រៀងរាល់សប្ដាហ៍ ខ្ញុំបានទៅព្រះវិហារ ហើយខ្ញុំក៏បានរៀនភាសាកូរ៉េ ដើម្បីឲ្យយាយទំទាក់ទំនងជាមួយអ្នកទៃជងដែរ។ នៅពេលដែលខ្ញុំត្រូវ បានគេស្ដីបន្ទោសថាជំនាញភាសាកូរ៉េខ្សោយ ខ្ញុំមានអារម្មណ៍តូចចិត្តជា ខ្លាំង ប៉ុន្តែបន្ទាប់ពីខ្ញុំបានប្រលងកំរិតភាសាកូរ៉េ ខ្ញុំបានទទួលសញ្ញាប័ត្រ កំរិត៣ ហើយខ្ញុំក៏បានចូលរៀនកម្មវិធីសមាគមសង្គមជងដែរ។ មិន ត្រឹមតែប៉ុណ្ណោះដោយព្រះគុណពីព្រះអង្គ ខ្ញុំបានបញ្ចប់ការសិក្សាដោយ ជោគជ័យ។ដោយការខិតខំមិនឈប់ឈរខ្ញុំបានប្ដូរវីសាការងារ (E7 Visa) ដោយមានសញ្ញាប័ត្រភាសាកូរ៉េកំរិត៣ និងវិញ្ញាបនបត្រផ្នែកស្ម្រចិត្ត ជងដែរ។

នៅខែធ្នូ ឆ្នាំ ២០៦៣ ប្រពន្ធរបស់ខ្ញុំបានត្រឡប់ទៅស្រុកកំណើតវិញ។ បន្ទាប់ពីប្រពន្ធខ្ញុំត្រឡប់ទៅកាន់ប្រទេសកម្ពុជា ដើម្បីបង្ការបអ្នកធ្វើការ ខុសច្បាប់ ប៉ូលិសបានចូលទៅត្រួតពិនិត្យក្រុមហ៊ុនដែលប្រពន្ធខ្ញុំធ្លាប់ធ្វើ ការនោះ។ ប៉ុន្តែអ្វីដែរអស្ចារ្យនោះ ប្រពន្ធខ្ញុំបានចាកចេញពីក្រុមហ៊ុននោះ មុនពីរខែ ដូច្នេះខ្ញុំមានអំណរនិងអរគុណខ្លាំងណាស់ចំពោះផែនការរបស់ ព្រះអង្គ។ មនុស្សដែលមិនមានជំនឿគិតថារាជាសំណាងល្អ ឬថៃដន្យ ប៉ុន្តែខ្ញុំជឿជាក់ថារាជាការសង្គ្រោះពីអង្គជាម្ចាស់។

មនុស្សមកព្រះវិហារភាគច្រើនគឺដោយសារតែពួកគេចង់រកកន្លែង សម្រាកផ្លូវចិត្ត ឬស្វែងរកជំនួយ។ ប៉ុន្តែអ្វីដែលមនុស្សជាច្រើនមិនដឹង នោះគឺ មូលហេតុដែល លោកគ្រូ អ្នកគ្រូនិង គ្រូ១ ស៊ុំគ្រចិត្តមកជួយនៅ All Friends គឺ ដើម្បីអោយពួកយើង ទាំងអស់គ្នាទទួលបានជីវិតអស់កល្ប ជានិច្ច និងចូលទៅនគរស្ថានសួគ៌។

ការជៀលិព្រះយេស៊ូមិនមែនដើម្បីក្លាយជាអ្នកមានទេ ប៉ុន្តែដើម្បី ទទួលបានជីវិតថ្មី។

យើងត្រូវចេះស្រឡាញ់គ្នាទៅវិញទៅមក តែងតែអធិស្ឋានទៅកាន់ព្រះ មិនមែនតែពេលលំបាកនោះទេ មិនបោះបង់ចោលពេលជួបផលវិបាក ហើយចំនាយនិងមានពេលវេលារីករាយជាមួយគ្រួសាររបស់យើងម្នាក់ផង ដែរ។

ខ្ញុំចង់បង្ហាញថា ប្រសិនបើយើងជៀថាព្រះវិញ្ញាណបរិសុទ្ធនៅគង់ ជាមួយយើង ហើយប្រគល់អ្វី១ទាំងអស់ទៅដល់ព្រះដោយសេចក្តីជំនឿ នោះ ពួកយើងនឹងមិនខ្វះអ្វីឡើយ។

나를 살리시고 훈련시키시는 주님

베트남 티엔(Thien)

안녕하세요, 여러분. 제 이름은 응우옌 '푹 티엔'이며, 올해 29살입니다. 오늘 저는 제 삶에서 하나님을 만난 경험에 대해 간증하고자 합니다.

저는 호찌민시에서 태어나고 자랐으며, 부모님과 여동생이 있습니다. 제 부모님은 모두 목사님이시고, 저는 어릴 때부터 어머니 뱃속에서부터 하나님의 말씀을 배우며 자랐습니다. 하지만 자라면서 우리 가족은 많은 시련과 어려움을 겪었습니다. 처음에는 부모님이 사업을 하시며 생활이 넉넉했지만, 제가 초등학교 1학년에 들어갈 무렵, 부모님은 하나님의 부르심에 순종하여 사역의 길을 걷기 시작하셨습니다.

2000년대 당시 복음을 전하는 일은 많은 어려움과 정부의 핍박이 있었고, 심지어 전통 교회 안에서도 성령님의 임재와 방언 같은 현상이 나타나자, 그들을 배척하는 일도 많았습니다. 제 부모님도 그러한 상황 속에서 전통 교회에서 쫓겨났고, 그 결과 베트남에서는 가정 교회(홈 처치)들이 생겨나기 시작했습니다.

부모님은 성경을 공부하며 전국을 다니며 복음을 전하셨고, 삶은 매우 어려웠으며 우리 가족은 자주 끼니를 거르기도 했습니다. 그런 환경 속에서 자란 저는 목사님의 자녀로 살아가는 것이 매우 힘들었고, 늘 마음속에 의문이 있었습니다. 왜 부모님은 이렇게까지 다른 사람을 위해 희생해야 할까? 왜 가족과 보내는 시간은 없을까?

어릴 적 저는 단 한 번이라도 가족과 함께 여행을 가는 것이 소원이었지만 그럴 기회조차 없었습니다. 부모님의 관심을 받지 못한다고 느꼈고, 중학교 1학년(7학년) 때부터 반항하기 시작했습니다. 학교를 그만두고, 도둑질도 하고, 게임에 빠지고, 거짓말을 하며 부모님을 속이기도 했습니다. 성격도 점점 나빠졌고, 거칠어졌으며 어릴 적 착하고 순수했던 저는 더 이상 없었습니다.

하지만 하나님은 여전히 저를 사랑하셨습니다. 중학교 2학년(8학년) 때 저는 심한 뎅기열에 걸렸고, 처음에는 단순 감기라 오진 되었지만, 상태가 점점 악화되었습니다. 병원으로 옮겨졌을 때는 의식을 잃어가고 있었고, 피가 응고되어 혈액 검사조차 할 수 없는 상황이었습니다. 부모님과 많은 사람들이 저를 위해 간절히 기도해 주셨고, 간신히 채혈할 수 있었을 때는 이미 뎅기열 3단계라는 위중한 상태였습니다. 거의 죽음에 이르는 상태였고, 특별한 치료 약도 없었습니다.

그때 저는 병상에서 하나님께 간절히 기도드렸습니다.

"하나님, 저를 고쳐 주시고 제 삶을 주님의 뜻대로 사용해 주세요."

하나님은 저를 살려 주셨고, 저는 병원에서 거의 두 달 동안 치료를 받으며 건강을 회복했습니다.

그때부터 저는 날마다 하나님을 더 깊이 경험하게 되었고, 부모님이 하나님의 일을 위해 희생하셨던 그 마음을 이해하게 되었습니다. 저는 더 이상 부모님을 원망하지 않고, 오히려 존경하게 되었습니다. 저 또한 주님을 섬기고 싶다는 마음이 생겼고, 어머니를 도와 사역하기로 결심했습니다. 비록 아버지는 2018년에 갑작스럽게 세상을 떠나셨지만, 하나님은 여전히 우리 가족을 사랑으로 인도하시고 지켜주고 계십니다.

한국에 들어와서 저는 올프렌즈(All friends)센터에서 하나님을 섬길 귀한 기회를 얻게 되었고, 이곳에서 베트남 출신 형제자매들을 만나 교제할 수 있는 은혜를 누렸습니다. 저는 단지 도움을 받는 데 그치지 않고, 섬김의 자세와 사랑의 실천, 그리고 이웃을 돕는 방법에 대해 깊이 배울 수 있었습니다. 하나님께서는 매주 하나님의 말씀을 통역할 수 있는 사명을 허락해 주셨고, 다양한 상황을 통해 제 삶에 꼭 필요한 영적 교훈들을 가르쳐 주셨습니다.

예수 그리스도께서는 이 땅에 섬김을 받으러 오신 것이 아니라, 도리어 섬기기 위해 오셨고, 제자들의 발을 씻기시는 겸손의 본을 보여 주셨습니다. 이곳에서 저는 섬김의 본질과 겸손한 삶의 태도, 그리고 날마다 주님을 더욱 닮아가는 삶의 중요성을 배우고 있습니다.

하나님은 여러분과 저를 깊이 사랑하십니다. 그분은 우리 삶에 언제나 선한 계획을 세우고 계시며, 우리가 어려움과 절망 속에 있을지라도 언제나 길의 끝에서 우리를 비추는 빛이 되어 주십니다.

아멘!

Chúa đã cứu sống tôi và huấn luyện tôi

XIN CHÀO MỌI NGƯỜI. TÔI TÊN Là nguyễn phước thiện năm nay
29 tuổi. tôi xin được làm chứng về những trải nghiệm của mình khi gặp
gỡ được Chúa trong đời sống của mình.

Tôi sinh ra và lớn lên tại thành phố hồ chí minh, tôi có bố mẹ và em
gái. Bố mẹ tôi đều là mục sư nên từ nhỏ tôi đã được học về lời Chúa
từ trong lòng mẹ. khi trưởng thành gia đình cũng trải qua nhiều biến cố
và khó khăn, từ khi bố mẹ tôi làm kinh doanh thì cuộc sống rất thoải
mái, thế nhưng khi tôi bắt đầu học lớp 1 thì bố mẹ tôi theo tiếng gọi
của Chúa, dấn thân hầu việc Chúa.

Vì trong giai đoạn năm 2000 thì việc truyền giáo gặp rất nhiều khó
khăn và bắt bớ từ chính quyền, thậm chí cả trong hội thánh truyền
thống cũng có nhiều khó khăn, khi sự thăm viếng của Chúa Thánh
linh đến thì nhiều người bắt đầu nói tiếng mới, bằng nhiều ngôn ngữ
khác nhau. Họ bị đuổi ra khỏi hội thánh truyền thống,bố mẹ tôi là một
trong số những người như vậy, và các hội thánh việt nam phát triển
theo các điểm nhóm tại nhà, hay thường được gọi là hội thánh tư gia.

Khi đó thì bố mẹ tôi vừa học kinh thánh vừa đi truyền giáo ở khắp
nơi, nhưng trong hoàn cảnh rất khó khăn, và gia đình tôi luôn trong
tình trạng thiếu thốn thập chí không có cơm mà ăn. Nên từ nhỏ tôi đã
rất mệt mỏi khi trở thành con của mục sư, luôn có nhiều câu hỏi trong

tâm trí của mình, tại sao bố mẹ phải hy sinh cho người khác nhiều như vậy, tại sao không giành thời gian cho gia đình?

Thậm chí hồi còn nhỏ tôi mong muốn cả gia đình đi du lịch cùng nhau cũng không có, tuổi thơ luôn cảm thấy ít được bố mẹ quan tâm, nên tới khi tôi học lớp 7 thì bắt đầu nổi loạn, tôi bỏ học, tôi trộm cắp, và bất mãn mọi thứ, tôi thường bỏ học để đi chơi game, thậm chí là học cách nói dối và lừa bố mẹ của mình. Tôi trở nên xấu tính hơn, cộc cằn hơn, không còn ngoan hiền như khi còn nhỏ nữa.

Nhưng Chúa vẫn yêu thương tôi vào năm lớp 8 tôi bị sốt xuất huyết rất nặng, bác sĩ thì chuẩn đoán bị cảm bình thường nhưng sau đó tình trạng của tôi xấu đi. Khi được cấp cứu tại bệnh viện, cơ thể tôi dần mất đi ý thức của mình, các bác sĩ không thể lấy máu của tôi để xét nghiệm bệnh vì lúc này máu đã bị đông lại, bố mẹ và mọi người đã cầu nguyện cho tôi rất nhiều, đến khi lấy được máu để xét nghiệm thì tôi đang bị sốt xuất huyết cấp 3, gần như có thể chết và không có thuốc đặc trị.

Từ khi đó gia đình và hội thánh đã cầu nguyện cho tôi rất nhiều, khi còn bệnh tật tôi đã rất sợ hãi và cầu nguyện với Chúa. Xin Chúa chữa lành cho con và sử dụng cuộc đời con theo ý muốn của Ngài. Thì Chúa đã cứu sống tôi, tôi đã ở trong bệnh viện gần 2 tháng để được chăm sóc và phục hồi sức khoẻ.

Từ đó thì mỗi ngày tôi kinh nghiệm Chúa nhiều hơn, hiểu được tấm lòng yêu mến Chúa và sự hy sinh của Bố mẹ mình cho công việc nhà

Chúa. Tôi không còn ghét mà thay vào đó là sự ngưỡng mộ bố mẹ của mình. Tôi cũng mong muốn được hầu việc Chúa, giúp đỡ mẹ của tôi, mặc dầu bố tôi đã qua đời một cách đột ngột năm 2018 nhưng Ngài vẫn luôn dạy dỗ và dẫn dắt, yêu thương gia đình chúng tôi đến ngày hôm nay.

Khi qua hàn quốc thì tôi có cơ hội phục vụ Chúa tại trung tâm allfriends, được gặp gỡ các Mục sư và anh chị em việt nam tại nơi đây. Không chỉ được giúp đỡ nhưng tôi học được cách phục vụ, cách yêu thương, các giúp đỡ mọi người. Chúa cho tôi có cơ hội được thông dịch lời Chúa mỗi tuần, thông qua hoàn cảnh Chúa luôn dạy dỗ tôi những bài học đặc biệt cho đời sống của mình.

Chúa đến thế gian này không phải được người khác phục vụ nhưng Chúa đến như một người phục vụ, sẵn sàng rửa chân cho các môn đồ. Tại nơi đây, tôi học được cách phục vụ, các sống khiêm nhường, và sống giống Chúa càng hơn mỗi ngày.

Chúa rất yêu bạn và tôi, gài luôn có những kế hoạch tốt đẹp cho cuộc đời của chúng ta, mặc dù trong những khó khăn và bế tắc thì Ngài vẫn là ánh sáng nơi cuối con đường cho chúng ta. Amen!

하나님께서 우리 손을 통해 이루실지, 아니면 다른 사람들의 손을 통해 이루실지는 알 수 없습니다. 또한, 그 과정이 어떻게 진행될지, 얼마나 시간이 걸릴지도 우리는 알 수 없습니다. 그러나 분명한 것은, 이 바람이 하나님의 뜻이라면 하나님께서 친히 이루어 가실 것이라는 굳은 믿음입니다.

제6부

올프렌즈
다음 걸음을 상상하다

이주민 사역을 하다 보면, 여러 가지 필요와 해결해야 할 문제들이 많이 보입니다. 그중에는 "이게 있었으면 우리 이주민 친구들이 정말 좋아할 텐데" 하는 소망들이 생겨납니다.

어떤 소망들은 우리가 조금만 노력하면 해결할 수 있을 정도로 사소한 바람들도 있고, 또 어떤 것들은 우리가 가진 능력으로는 도저히 해결할 수 없는 큰 바람들도 있습니다. 그런 바람들은 누군가의 도움이 절실히 필요한 상황입니다.

우리가 해결할 수 있는 문제는 '현실'이지만, 우리가 해결할 수 없는 문제는 '환상'과 '꿈'입니다. 그것이 바로 하나님께서 우리에게 주시는 '비전'이라 생각합니다.

> "하나님이 말씀하시기를 말세에 내가 내 영을 모든 육체에
> 부어 주리니 너희의 자녀들은 예언할 것이요 너희의 젊은이
> 들은 환상을 보고 너희의 늙은이들은 꿈을 꾸리라" (행 2:17)

우리는 현실을 바라보며 가능한 일들을 하나씩 해나가겠습니다. 그리고 우리가 할 수 없는 일이나, 상상으로만 하고자 하는 일들을 하나님께서 이루어 주실 것이라는 믿음을 가지고 있습니다.

"우리 가운데서 역사하시는 능력대로 우리가 구하거나 생각
하는 모든 것에 더 넘치도록 능히 하실 이에게 교회 안에서
와 그리스도 예수 안에서 영광이 대대로 영원무궁하기를 원
하노라 아멘" (엡 3:20~21)

하나님께서 우리 손을 통해 이루실지, 아니면 다른 사람들의 손을
통해 이루실지는 알 수 없습니다. 또한, 그 과정이 어떻게 진행될지,
얼마나 시간이 걸릴지도 우리는 알 수 없습니다. 그러나 분명한 것
은, 이 바람이 하나님의 뜻이라면 하나님께서 친히 이루어 가실 것이
라는 굳은 믿음입니다.

우리는 이런 믿음을 품고 이 사역을 지속하며, 하나님께서 우리에
게 주신 비전을 실현하기 위해 힘써 나아갈 것입니다. 하나님이 열어
주실 길을 기대하며, 우리가 이루고자 하는 '바람'을 여기에 적어봅
니다.

함께 꿈꾸는 공간
이주민 크리스천 문화센터

우리는 오랜 시간 기도해 왔습니다.

한국에 들어온 이주민들이 일터 밖에서도 따뜻한 환대를 경험하고, 예수님의 사랑을 자연스럽게 만날 수 있는 그런 공간이 있으면 얼마나 좋을까 하는 마음으로 말입니다.

많은 이주민들은 공장이나 농장 등 일터 가까이에 머물며, 바깥세상과는 쉽게 접근하지 못하며 살아갑니다. 한국어가 익숙하지 않고, 문화도 낯설기 때문에 자유롭게 다니는 일조차 쉽지 않습니다. 가끔 외출하여 시내로 나오더라도, 장을 보고 나면 머물 곳이 없어 거리를 떠돌다 자국 식당에 모여 술을 마시며 시간을 보내는 것이 대부분입니다.

우리는 생각했습니다.

만약 그들에게 쉴 수 있는 따뜻한 공간이 있다면, 어떨까?

그 공간에서 커피를 마시며 서로의 음식을 만들어 나누고, 자신들의 언어와 악기, 춤으로 문화를 나눌 수 있다면? 그리고 그 안에서 자연스럽게 공동체가 형성된다면?

우리는 이주민들이 모일 수 있는 '이주민 크리스천 문화센터'를 꿈꾸게 되었습니다.

이곳이 단순한 쉼터가 아니라 다양한 민족과 종교적 배경을 가진 이주민들이 기독교 문화를 경험하고, 예수님의 이야기를 처음 들을 수 있는 복음의 통로가 되길 바랍니다. 더 나아가, 각국에서 사역을 마치고 귀국한 선교사님들이 이 공간을 중심으로 자국민들과 다시 연결되어, 믿음의 공동체를 세워가는 사역이 이어지길 기대합니다.

우리는 언젠가 그 첫걸음을 내딛으려 합니다.

이 소중한 비전에 함께 기도의 마음을 모아주세요.

이주노동자를 위한 '쉼'의 공간
복음의 기지

우리는 이런 생각도 합니다.

'이주노동자 친구들이 편히 쉴 수 있는 따뜻한 공간을 마련해 줄수 있다면 얼마나 좋을까?' 회사에 방문해 친구들을 만나고, 그들의 숙소에 잠깐 들러 보면 마음이 무거워질 때가 많습니다. 이주노동자들은 대부분 회사가 제공한 숙소에서 생활하고 있지만, 그 환경은 기대보다 훨씬 열악한 경우가 많습니다.

컨테이너 하나를 두 명이 나누어 사용하는 곳, 샌드위치 패널로 임시로 지어진 공간, 방 세 개짜리 집에 네 명이 살며 한 명은 거실에 커튼을 쳐놓고 방처럼 지내는 곳,

심지어는 방 세 칸과 욕실 하나의 연립주택에 남자 네 명, 여자 세명이 함께 사용하는 경우도 있습니다. 공동식당에서 함께 식사를 해결하고, 불편한 욕실을 함께 써야 하며, 이런 환경에서도 한 달에

30~40만 원씩 집세를 내야 하는 친구들도 있습니다.

그 모습을 보며 속상한 마음에, '우리가 직접 숙소를 지어주고 싶다'는 간절한 바람이 생깁니다. 그래서 언젠가, 친구들이 깨끗하고 안전한 공간에서 편히 쉴 수 있는 기숙사를 지어 그들의 지친 삶에 쉼과 위로를 주고 싶다는 마음이 들었습니다. 이 꿈은 우리가 쉼터를 운영하며 더욱 간절해진 사역의 비전이기도 합니다.

물론 이 공간은 단순한 주거 공간만은 아닐 것입니다.

기숙사에서 지내는 조건으로는 몇 가지 원칙이 필요합니다. 주일 예배에 반드시 참석하고, 매일 성경읽기에 참여하며, 한국어 수업에도 성실히 참여하는 것입니다.

어떤 사람들은 "종교의 자유가 있는 나라에서 이런 조건은 부당한 것 아니냐?"고 말할 수도 있겠지요. 하지만 우리가 꿈꾸는 이 공간은 단지 편안한 숙소가 아닙니다. 복음의 씨앗이 자라고 흩어져 가는, 믿음의 전초기지가 되기를 바라는 마음으로 계획한 것입니다.

당연히 현실적인 어려움도 많습니다. 자금 문제는 물론이고, 출근이 가능한 위치 선정, 다양한 국적의 친구들을 수용할 수 있는 환경, 언어 장벽 등 해결해야 할 문제들이 한둘이 아닙니다.

그럼에도 불구하고, 이런 기숙사를 마음에 품게 하신 분이 하나님이시라면, 하나님께서 이 무모해 보이는 계획도 이루게 하실 것이라 믿습니다.

지금은 아무것도 없지만, 기도하며 한 걸음씩 준비해 가고자 합니다.

그리고 간절히 기도합니다.

어느 날, 이 땅에 이주노동자들을 위한 복음의 기숙사가 세워지고,

그곳에서 예수의 복음이 전하고,

하나님의 나라가 넓어져 가기를.

이 꿈이 단지 우리의 꿈이 아니라, 하나님의 계획 안에 있는 사역이길…

한국인 성도와 이주민과의 일대일 동행

믿음 안에서 형제자매가 되어주는 선교의 길

우리는 한국에 있는 성도들과 이주민들이 일대일로 연결되어, 따뜻한 관심과 기도로 동행하는 관계가 만들어지기를 기대합니다. 누군가에게는 그저 작은 관심일 수 있지만, 이주민 친구들에게는 삶을 지탱하는 큰 힘이 될 수 있기 때문입니다.

이주노동자로 한국에 온 친구들은 말 그대로 타지에서 살아가는 이방인입니다.

낯선 언어, 익숙하지 않은 문화 속에서 외로움과 그리움이 깊어집니다. 그런 친구들에게 '내가 아는 한국 사람이 있다'는 것만으로도 큰 자부심이 되고 위로가 됩니다.

회사에서 일하다가 한국인에게 전화 한 통을 받는 것만으로도 동료들의 부러움을 사곤 합니다.

우리에겐 당연한 일상이, 이들에게는 특별한 순간이 되는 것입니다.

'일대일 만남'이라고 해서 거창할 필요는 없습니다.

2주에 한 번, 짧은 전화 통화 한 번이면 충분합니다.

"안녕하세요!", "요즘 어떻게 지내세요?", "힘든 일은 없어요?", "제가 계속 기도하고 있어요."

그리고 가장 중요한 한마디,

"이번 주에 센터에 나가세요!"

이 따뜻한 한 문장이, 친구의 발걸음을 다시 예배의 자리로 이끌 수 있습니다.

그리고 시간과 여유가 된다면 반기에 한 번쯤 친구와 만나 커피 한 잔 나누는 것도 멋진 동행이 될 것입니다.

이런 작은 만남이 쌓이면, 친구들도 조금씩 마음을 열고 자신의 어려운 상황을 이야기하게 됩니다. 그럴 땐 직접 해결하려 애쓰기보다, 친구가 다니는 센터에 그 사정을 알려주면 됩니다. 센터가 친구의 상황을 파악하고 필요한 도움을 제공할 것입니다. 센터는 이렇게 친구들을 지원할 수 있는 마을을 가지고 있습니다.

무엇보다도 소중한 것은, 이 관계가 일시적인 도움이 아닌 '지속적인 동행'으로 이어지는 일입니다. 친구들이 고국으로 돌아간 후에도 연락을 이어간다면, 어느 날 그 나라로 단기선교나 여행을 가게 될 때, 반갑게 만나 서로의 삶을 나누고 신앙을 다시 격려할 수 있습니다.

이것이 바로, 선교의 열매가 일상에서 계속 이어지는 길입니다.

우리 모두가 누군가에게 그런 따뜻한 '한 사람'이 되어줄 수 있습니다.
믿음으로, 사랑으로, 작은 실천으로요.

깜뽕츠낭
제2의 센터를 바라봅니다

앞에서도 이야기했듯이, 하나님께서는 올프렌즈를 통해 복음을 받아들인 '짜리야', '씨니은' 부부와 '라짜나' 자매의 헌신을 통해 캄보디아 복음화의 길을 조용히 준비하고 계셨습니다.

특별히, 하나님은 깜뽕츠낭 지역에 땅을 예비해 주셨고, 그곳에 새로운 센터를 세울 비전을 우리 마음에 심어 주셨습니다.

지난해, 우리는 그 거룩한 부담을 안고 한국으로 돌아왔습니다.

그러나 아직 구체적인 계획조차 세우지 못하고 있습니다. 건물을 짓는다는 것이 결코 쉬운 일이 아니기 때문입니다.

우리가 고민하는 것은 일반적으로 생각하는 '교회 건물'이 아닙니다. 오히려 '드라이브 스루(Drive-thru) 카페'처럼 친근하고 열린 공간, 누구나 쉽게 다가올 수 있는 센터를 꿈꾸고 있습니다.

이런 고민을 하게 된 데에는 두 가지 이유가 있습니다.

첫째, 현지 교회의 자립 문제입니다. 캄보디아 교회들은 교인들의 헌금만으로는 유지가 매우 어렵습니다. 그래서 단순한 교회가 아니라, 자립을 도울 수 있는 공간 - 예를 들면 카페나 상점 같은 - 을 함께 운영하고자 합니다.

둘째, 짜리야 자매의 이야기 때문입니다. 그녀는 근방에 이미 현지 목사님이 운영하는 교회가 있는데, 또 다른 교회가 세워지면 서로 어려워질까 걱정된다고 했습니다. 그리고 학업이 뒤처진 아이들을 위한 보충수업을 하면서 아이들에게 복음을 전하고 싶다고 했습니다.

우리는 그런 짜리야 자매의 조심스럽고 따뜻한 마음이 오히려 더 고맙고 기특하게 느껴졌습니다.

그래서 우리는 이런 그림을 조심스레 그려봅니다.

1층은 카페처럼 사람들이 자연스럽게 오갈 수 있는 가게,

2층은 교육을 위한 교실과 강의실, 그리고 사무실 공간,

3층은 함께 예배드릴 예배실과 숙소.

또한, 센터를 섬길 사역자로는 라이프대학교 신학과를 졸업한 자매가 함께할 수 있기를 기도하고 있습니다. 이것 역시 짜리야 자매의 요청이기도 했습니다.

그러나 현실적으로 가장 큰 문제는, 이런 꿈을 담아낼 재정이 턱없이 부족하다는 것입니다.

그래서 우리는 이렇게 기도합니다.

캄보디아 선교 비전을 가진 교회가 이 사역에 동참하여, 센터를 세

우고 안정적으로 운영해 나갈 수 있도록 함께해 주기를.

또한, 그 교회가 해마다 단기선교팀이 찾아와 사역의 영역을 확장하고, 지역 안에 복음의 씨앗을 넓게 뿌려 주기를 바라고 있습니다.

느리고 더딘 것처럼 보여도, 하나님은 반드시 약속을 이루실 것입니다.

우리는 이 믿음으로 오늘도 주님을 찬양합니다.

이 사역을 준비하며, 문득 떠오른 복음 찬양 가사가 있습니다.

조금 느린 듯 해도 기다려 주겠니
조금 더딘 듯 해도 믿어줄 수 있니
네가 가는 그길 절대 헛되지 않으니
나와 함께 가자
앞이 보이지 않아도 나아가 주겠니
이해되지 않아도 살아내 주겠니
너의 눈물의 기도 잊지 않고 있으니
나의 열심으로 이루리라

이 고백처럼,
우리는 지금 비록 완성되지 않은 길 위에 서 있지만,
하나님께서 친히 이루어 가실 것을 믿으며 한 걸음 한 걸음 나아가려 합니다.

함께 세워가는 사역
7,000명의 동역자를 꿈꿉니다

우리는 지금 7,000명의 기도와 재정 후원자를 위해 기도하고 있습니다.

숫자만 보면 너무 큰 꿈 같지만, 이 사역을 걸어오면서 언제나 하나님께서 필요한 사람들을 보내주셨기에, 이번에도 주님의 방법으로 이루실 것이라 믿습니다.

이주민 사역은 절대 쉽지 않습니다. 그럼에도 우리가 지금까지 이 길을 걸어올 수 있었던 것은 하나님의 은혜와, 기도해 주시고 함께해 주신 분들 덕분입니다.

올프렌즈는 사단법인이며, 동시에 교회이고, 상담센터입니다.

우리는 그리스도의 마음으로 한국에 온 이주민들을 섬기기 위해 존재합니다. 우리의 손길을 통해 이주민들이 예수님의 사랑을 경험하고, 다시 고향으로 돌아갔을 때 그 사랑을 전할 수 있는 사람으로 세워지기를 소망합니다.

감사하게도 하나님은 우리에게 이전보다 더 넓은 사역의 문을 열고 계십니다.

한국에 있는 이주민들의 쉼터를 세우고,

예수님의 사랑을, 문화를 통해 전하는 이주민 크리스천 문화센터를 만들고,

캄보디아 깜뽕츠낭과 프놈펜에 올프렌즈센터를 세우며,

장학생을 후원하고,

지역 사역자를 양성하는 일까지,

이 모든 사역은 기도와 함께, 재정의 동역이 절실히 필요합니다.

우리가 7,000명을 기도하게 된 계기는, 열왕기상 19장에서 엘리야 선지자가 광야에서 지쳐 있을 때, 하나님께서 "바알에게 무릎 꿇지 않은 7,000명을 남겨두었다" 하신 말씀이었습니다.

"그러나 내가 이스라엘 가운데에 칠천 명을 남기리니 다 바알에게 무릎을 꿇지 아니하고 다 바알에게 입맞추지 아니한 자니라" (열상 19:18)

우리가 감당하는 사역의 무게는 때로 벅차고, 내려놓고 싶은 마음이 들 때도 많이 있습니다.

하지만 그럴 때마다 하나님은 꼭 필요한 사람들을 보내주셨고, 도움의 손길을 통해 우리를 다시 일으켜 세워주셨습니다.

그래서 우리는 오늘도 기도합니다.

하나님께서 이 땅에 남겨두신 7,000명의 동역자들을 만나게 해달라고요.

기도로, 재정으로, 마음으로 함께해 주시는 분들을 통해 올프렌즈가 이 사역을 끝까지 감당할 수 있도록 말입니다.

당신이 바로 그 한 사람이 되어주시겠습니까?

나의 작은 참여가, 이 땅에 하나님의 나라를 세우는 큰 기적이 됩니다.

∞
에필로그

한 사람을 위한 자리
한 분을 위한 사명

한때 우리는 한국을 '선교 한국'이라 불렀습니다.
미국에 이어 세계에서 두 번째로 많은 선교사를 파송했던 나라,
전 세계 구석구석으로 복음을 들고 나아갔던 한국 교회는
분명 세계 선교의 흐름 속에서 중심적인 역할을 감당해왔습니다.

그러나 이제, 선교의 풍경이 달라졌습니다.
더 이상 복음을 전하기 위해 비행기를 타고 먼 땅으로 가야만 하는
시대가 아닙니다.

언어도, 문화도, 피부색도 다른 사람들이

이제는 이 땅, 우리의 곁으로 찾아오고 있습니다.

하나님은 국경 너머에만 머물던 선교의 문을,

지금 여기, 우리의 일상 속으로 활짝 열어 주셨습니다.

우리는 이 흐름을 거스를 수 없습니다.

그리고 거슬러서도 안 됩니다.

이주민 선교는 더 이상 '선택'이 아니라,

주님께서 오늘 우리에게 맡기신 '사명'의 자리입니다.

과거의 선교가 지리적 국경을 넘는 일이었다면,

오늘의 선교는 마음의 경계를 허무는 일입니다.

속지주의가 아닌 속인주의—국경이 아닌 사람 중심의 시선으로,

하나님의 시야로 세상을 바라볼 때,

우리는 이미 선교의 새로운 전환점 앞에 서 있음을 깨닫게 됩니다.

이 사명을 감당하는 길은 결코 쉽지 않습니다.

보이지 않는 곳에서, 외로움과 고단함 속에 묵묵히 이주민들을 품어내는 많은 선교사님들이 계십니다.

그들은 이주민들의 언어를 배우고, 문화적 낯섦을 이해하려 애쓰며, 함께 울고 웃으며 예수님의 사랑을 전하고 있습니다.

때로는 이름도 빛도 없이, 기도와 눈물로만 이어지는 그 헌신은 이 땅에 또 한 번 부흥의 씨앗이 되어 뿌려지고 있습니다.

그리고 우리는 믿습니다.

그 뿌려진 씨앗은 반드시 하나님의 때에 열매 맺게 될 것이라는 것을.

올프렌즈 역시 이 사명의 부르심에 끝까지 응답하고자 합니다.

하나님께서 허락하신 그날까지, 우리는 이주민의 곁에 머물겠습니다.

그들의 언어로, 그들의 눈높이로, 그들의 상처와 삶의 이야기 속으로 들어가 예수님의 사랑을 전하는 사역자로 살아가겠습니다.

이 길 위에 함께 걸어갈 동역자들을 기다립니다.

누군가의 곁이 되어줄 '한 사람'을 찾고 계신 주님의 마음에 우리도 응답할 수 있기를 바랍니다.

그리고 이 모든 사역의 중심에 언제나 하나님이 계시고,

우리의 걸음을 친히 이끌어 주시기를 기도합니다.

함께 하는 동역자가 되어 주세요.

NH농협은행 301-0141-3308-51
예금주: 사단법인 올프렌즈

Homepage : www.allfriends.kr

Blog : https://blog.naver.com/withdiaspora

E-mail : withdiaspora@daum.net

Face book

All friends center cambodia church

Việt - Hàn Nối Vòng Tay Lớn 올프렌즈베트남

사단법인 - All Friends